Nur Mut zum ersten Schritt

Doris Wolf
Alan Garner

Nur Mut zum ersten Schritt

Wie Sie auf andere zugehen und
sich ungezwungen unterhalten können

Die Deutsche Bibliothek - CIP-Einheitsaufnahme

Wolf, Doris:
Nur Mut zum ersten Schritt : wie Sie auf andere zugehen
und sich ungezwungen unterhalten können / Doris Wolf ;
Alan Garner. - Mannheim : PAL, 1995
    ISBN 3-923614-23-3
NE: Garner, Alan

Druck: C. Bockfeld, Neustadt
Auf chlorfrei gebleichtem Papier gedruckt

Die Ratschläge dieses Buches sind von den Autoren
und vom Verlag sorgfältig geprüft. Autoren und Verlag
können jedoch keine Garantie geben und schließen
jede Haftung für Personen-, Sach- und Vermögens-
schäden aus.

Inhaltsverzeichnis

Einleitung

Teil I:
Theoretischer Teil

Teil II:
Praktischer Teil: Veränderung der Einstellungen
und der Körpersprache

Teil III:
Praktischer Teil: Konkrete Gesprächsstrategien

Einleitung

Liebe Leserin, lieber Leser,

herzlich willkommen zu unserem Trainingsprogramm in der Kunst der Kontaktaufnahme und Gesprächsführung. Vielleicht sind Sie nur neugierig, was die Psychologen zu diesem Thema zu sagen haben. Wenn es Ihnen aber wie vielen Menschen geht, dann sind Sie mit Ihrer Kommunikations- und Kontaktfähigkeit unzufrieden. Vielleicht werden Sie stumm wie ein Fisch, wenn Sie unbekannten Menschen begegnen. Vielleicht haben Sie aber auch den Eindruck, kein intensives, tiefergehendes Gespräch führen zu können. Vielleicht bekommen Sie Schweißausbrüche, wenn eine Gesprächspause entsteht, oder Sie haben panische Angst, einen sympathischen Menschen spontan anzusprechen. Oder suchen Sie nach einer Erklärung, weshalb es Ihnen nicht gelingt, andere für sich zu interessieren?

Wie dem auch sei: wir möchten Ihnen zeigen, wie Sie ungezwungen auf andere Menschen zugehen, eine Unterhaltung beginnen, sich dabei wohl fühlen und ein interessanter und begehrter Gesprächspartner werden können. Und weiterer Erfolg wird nicht ausbleiben: Wenn Sie auf andere zugehen, ein Gesprächsangebot machen und auf deren Themen eingehen können, werden Sie mehr Erfolg im Beruf und im Privatleben haben. Andere Menschen werden gern mit Ihnen zusammensein und Sie werden viele Anregungen durch andere bekommen. Anstatt sich ausgegrenzt und einsam zu fühlen, werden Sie sich dazugehörig und anderen nahe fühlen. Keine schlechten Aussichten, oder?

Die meisten Menschen glauben, daß die einen mit der „Gabe der Kontaktfähigkeit" auf die Welt kommen und andere nicht. In Wirklichkeit gibt es aber eine solche „Gabe der Kontaktfähigkeit" nicht. Wer Kontakte knüpfen, sich gut verständigen, anderen seine Gefühle und Gedanken mitteilen und auf andere eingehen kann, hat lediglich positive Einstellungen und beherrscht wirkungsvolle Gesprächstechniken.

Wenn wir Glück hatten, hatten wir Eltern oder andere Bezugspersonen, die diese Techniken beherrschten und uns einfach vorlebten. So konnten wir sie nachahmen, ohne sie uns erarbeiten zu müssen. Meist aber hatten wir Eltern, die selbst ihre Probleme mit sozialen Kontakten hatten und die noch nicht einmal erkannten, wie wichtig es ist, gut kommunizieren zu können.

Die meisten Eltern, aber auch Lehrer legen sehr viel Gewicht darauf, uns das Lesen, Schreiben und Rechnen beizubringen. Da sie uns ständig darin korrigieren, lernen wir diese Techniken mehr oder weniger gut zu beherrschen. Sie bringen uns zwar die richtige Aussprache der Wörter, die Grammatik und das Aufsatzschreiben bei, aber niemand zeigt uns, wie wir Kontakte knüpfen, uns erfolgreich mit anderen verständigen und Freunde gewinnen können. Wenn wir bei unseren Bemühungen um Kontakte und in unserer Unterhaltung Fehler machen, sagt uns meist niemand, wie wir es besser machen könnten, ja nicht einmal, daß wir so etwas nötig hätten. So lernen wir durch Versuch und Irrtum.

Wir lernen durch die Reaktionen der anderen. Doch häufig ziehen wir aus deren Reaktionen falsche Schlußfolgerungen. Wenn uns jemand ablehnt, kommen wir zu dem Schluß, daß überhaupt niemand uns mag. Wenn wir in einem Gespräch den Faden verlieren, glauben wir, keine Gespräche führen zu können. Wir erleben, daß andere sich von uns zurückziehen, sich anderen zuwenden, und folgern daraus, generell uninteressant zu sein.

Tatsächlich aber wenden wir einfach nur die falschen Strategien an, um andere für uns zu interessieren und für diese interessant zu sein. Wir stellen keine oder ungeschickte Fragen, lassen den anderen nicht an unseren Ansichten teilhaben, trauen uns nicht, Komplimente zu machen, beobachten unsere eigene Unsicherheit, anstatt auf unser Gegenüber einzugehen. Wir stellen zu hohe Erwartungen an andere, gehen mit Vorurteilen auf diese zu oder behandeln sie aus Unsicherheit von oben herab. Wir trauen uns nicht, anderen Menschen in die Augen zu schauen, und stellen uns auf Festen immer in die hinterste Ecke.

Sind wir erst einmal erwachsen, haben sich diese Gewohnheiten im Umgang mit anderen Menschen verfestigt. Wir machen immer wieder die gleichen Fehler, wenn wir uns nicht - wie Sie jetzt - unsere Verhaltens- und Denkgewohnheiten im Umgang mit anderen bewußtmachen und uns aktiv neue, erfolgreichere aneignen.

Wir alle können unsere Fähigkeiten, Kontakte zu knüpfen und uns ungezwungen zu unterhalten, verbessern. Wie das geht, davon soll hier die Rede sein.

Was Sie in diesem Buch erwartet

Dieses Buch haben wir in drei Teile gegliedert. In **Teil I**, dem theoretischen Teil, erhalten Sie Antwort auf die Fragen: Warum sind manche Menschen kontaktfreudig, während andere vor jedem neuen Kontakt Angst haben und ihn sogar meiden? Wie sehen kontaktbejahende Einstellungen aus und welche Rolle spielt die Vorstellungskraft bei der Entstehung von Gefühlen? Welche Bedeutung hat unsere Körpersprache und wie geht der Prozeß des Umlernens vor sich? Am Ende dieses ersten Teils werden Sie dann Ihre ganz persönlichen Ziele formulieren: welchen Weg Sie gehen möchten, um mehr Kontakte zu haben und sie zu genießen.

Die Teile II und III sind die praktischen Teile dieses Buches. In **Teil II** lernen Sie, Ihre Einstellungen, die Sie an der Kontaktaufnahme hindern, zu überprüfen und zu korrigieren. Sie erfahren, wie Sie Ihr Selbstvertrauen stärken und sich geistig darauf vorbereiten können, Kontakt aufzunehmen. Da 85% unserer Kommunikation auf nichtsprachlicher Ebene beruhen, beschäftigen wir uns damit, wie Sie Ihrem Gegenüber Ihr Interesse durch Ihre Körpersprache ausdrücken können.

Teil III vermittelt Ihnen Gesprächstechniken, die es Ihnen erleichtern, Kontakt zu knüpfen und das Gespräch zu intensivieren. Sie erfahren, wie Sie flirten und zum Wiedersehen einladen. Im Anhang schließlich finden Sie eine Menge an Vorschlägen für Übungssituationen und kontaktfördernde Einstellungen.

Wie Sie mit diesem Buch am besten umgehen

Dieses Buch ist ein Arbeitsbuch. Wenn Sie es nur einmal überfliegen und dann beiseite legen, dann haben Sie vielleicht ein paar neue Erkenntnisse gewonnen, aber keinen praktischen Nutzen daraus gezogen. Wer ein Buch über Skifahren liest, wird dadurch alleine nicht ein besserer Skifahrer. Und wer eines über Bodybuilding liest, bekommt nicht von allein kräftige Muskeln. Genausowenig verbessert die bloße Lektüre dieses Buches Ihre Kontaktfähigkeit. Dazu ist auch konsequente Übung nötig. Gehen Sie deshalb am besten so vor:

1. Lesen Sie das Buch einmal im Schnelldurchlauf, um sich einen Überblick zu verschaffen. Dann ist Ihre Neugierde befriedigt und Sie wissen, worauf Sie sich einlassen.

2. Lesen Sie dann nochmals im Teil I ein Kapitel nach dem anderen sorgfältig durch und streichen Sie sich die für Sie wichtigen Erkenntnisse an.

3. In Teil II und III müssen Sie aus Ihrer sicheren Höhle. Übungen und die aktive Erprobung der Gesprächstechniken sind angesagt, sozusagen die Erprobung am Menschen. Wollen Sie sich verändern, müssen Sie jetzt trainieren, auf andere zuzugehen. Wählen Sie die auf Sie zutreffenden Übungen aus und setzen Sie diese im Alltag ein.

Teil A des Anhangs gibt Ihnen nochmals ein paar Anregungen, wie und wo Sie alle erlernten Strategien erproben und trainieren können. Sie können sich hiervon einzelne Situationen auswählen oder sie systematisch alle aktiv angehen. In Teil B des Anhangs finden Sie Vorschläge, wie hilfreiche kontaktfördernde Einstellungen aussehen können.

4. Vergessen Sie nicht, sich für jeden kleinen Schritt zu loben. Besonders wenn Sie sich bisher sehr vor der Kontaktaufnahme gefürchtet haben, kostet es Energie und Kraft, es dennoch zu tun. Auch wenn andere Menschen schon ganz automatisch und mühelos das tun, was Sie sich erst aneignen wollen, sollten Sie sich dafür loben - besser gesagt: sogar besonders dann, wenn es Ihnen noch so schwer fällt.

5. Legen Sie sich ein Tagebuch an, in dem Sie Ihre Erfolge verzeichnen. Erfolg heißt dabei nicht, daß das Verhalten schon hundertprozentig so ausfällt, wie Sie es sich erträumen. Es genügt, wenn Sie sich nur ein ganz klein wenig anders verhalten haben als früher, ein ganz klein bißchen in Richtung auf Ihr Ziel zu.

6. Rechnen Sie mit Rückschritten oder „schlechten" Tagen, an denen Sie sich nicht zu neuem Verhalten überwinden können. Das ist ganz normal. Jeder Tag bietet eine neue Chance.

7. Machen Sie Ihren Erfolg NICHT an der Reaktion des Gegenübers fest. Sie können nicht steuern und bestimmen,

ob der andere gerade in der Stimmung für ein Gespräch ist und auf Sie eingehen möchte. Erfolg heißt für Sie, überhaupt den ersten Schritt gewagt zu haben.

8. Wenn Sie in diesem Buch etwas lesen, was Sie bereits kennen und in Ihrem Alltag einsetzen, sehen Sie das als Bestätigung für Ihren Weg. Legen Sie dann nicht gleich das Buch aus der Hand. Sicher gibt es noch eine Menge Erkenntnisse, die Ihnen von Nutzen sein können.

9. Wenn Sie nach dem Lesen des Buches bemerken, daß Sie noch weitere Unterstützung benötigen, um auf andere Menschen zugehen zu können, dann können Sie sich an die im Anhang aufgeführten Psychotherapeuten oder an Ihre Krankenkasse wenden. Lassen Sie sich die Liste niedergelassener Verhaltenstherapeuten aushändigen.

Neue Kontakte sind eine Chance, keine Strafe oder Prüfungssituation

Wir möchten in unserem Buch sowohl Leserinnen als auch Leser ansprechen. Der Einfachheit und Lesbarkeit halber benutzen wir jedoch nur die männlichen Formen: der andere, jeder, Gesprächspartner, der Partner, der Versager, etc.

Teil I:
Theorie

Im ersten Teil suchen wir gemeinsam nach den Einstellungen und Verhaltensweisen, die Ihren Umgang mit den Mitmenschen charakterisieren. Wir werden uns die Ursachen genauer anschauen, die Sie zu einem eher kontaktängstlichen und andere zu kontaktfreudigen Menschen gemacht haben. Wir wollen beobachten, wie negative Selbstgespräche und negative Phantasien zu Unsicherheiten und Ängsten vor einem Kontakt und während des Kontaktes führen.

Außerdem betrachten wir den Prozeß, den jeder durchlaufen muß, der alteingefahrene Gedanken- und Verhaltensmuster verändern will. Da wir neben unseren sprachlichen Äußerungen anderen auch nonverbal eine ganze Menge mitteilen, widmen wir uns auch eingehend der Körpersprache. Am Ende des ersten Teils befassen wir uns damit, wie wir uns zur Veränderung motivieren und unsere Ziele richtig formulieren.

Kapitel 1
Wo stehen Sie im Augenblick?

Ein kleiner Test gibt Auskunft

Wenn Sie Ihre Kommunikationsfähigkeiten verändern möchten, müssen Sie zunächst eine Bestandsaufnahme machen und bestimmen, wo Sie gerade stehen. Dann fällt es Ihnen leichter, nach Strategien zu suchen, die es Ihnen ermöglichen, sich zu ändern. Sie können dann entscheiden, welcher Teil dieses Buches besonders wichtig für Sie ist. Die Schwierigkeiten, mit anderen Menschen ins Gespräch zu kommen, können unterschiedliche Ursachen haben:

A: Fehlende Strategien
Sie wissen nicht, wie man Kontakt aufnimmt und eine Unterhaltung führt. Ihnen fehlen die notwendigen Techniken der Gesprächsführung.

B: Blockierende Einstellungen, Phantasien und die damit verknüpfte Körpersprache
Sie wissen, wie Sie Kontakt aufnehmen können, aber getrauen sich nicht, Ihr Wissen umzusetzen. Sie blockieren sich selbst. Ihre Ängste zeigen sich auch in nicht-sprachlichen Verhaltensweisen.

C: Blockierende Einstellungen, Meidung und fehlende Techniken
Sie hemmen sich selbst, Kontakt aufzunehmen, und wissen nicht, welche Strategien Sie nutzen können.

Der folgende kleine Test gibt Ihnen erste Hinweise, wo es bei Ihnen hapert. Kreuzen Sie spontan jede Aussage an, die auf Sie zutrifft.

A: Fehlende Gesprächstechniken

- Ich weiß nicht, wie ich mit Fremden ins Gespräch kommen kann.
- Nach einigen belanglosen Sätzen endet das Gespräch regelmäßig in gegenseitigem peinlichem Anschweigen.
- Ich muß den anderen immer die Würmer aus der Nase ziehen, das macht mir keinen Spaß.
- Ich habe bei einem Gespräch immer den Eindruck, der andere fühlt sich von mir ausgefragt und unwohl.
- Ich erwische immer den Falschen, wenn ich jemanden anspreche. Mein Ansprechpartner wechselt ein paar Worte mit mir und macht sich dann aus dem Staub.

B1: Blockierende Einstellungen und Phantasien

- Schon lange vor dem Veranstaltungstermin mache ich mir Sorgen, daß ich wieder alleine herumstehen werde.
- Ich stelle mir vor, wie ich auf einen anderen zugehe, und er erteilt mir eine Abfuhr.
- Ich überlege mir stundenlang, wie ein guter Gesprächsanfang aussehen könnte.
- Ich habe Angst, mit banalen Dingen ein Gespräch zu beginnen.
- Ich spreche niemanden an, weil der bestimmt denkt, daß ich es nötig habe und einen Partner suche.
- Ich spreche niemanden an, weil ich Angst habe, er könnte sehen, wie unsicher ich bin.
- Ich weiß nicht, womit ich ein Gespräch beginnen soll. Von mir gibt es nichts Interessantes zu erzählen.
- Meine größte Angst ist, daß andere mich auslachen, wenn ich einen Korb kriege.
- Ich bin einfach kein guter Unterhalter. Ich weiß von mir, daß ich nervös werde und kein Wort herausbringe.
- Besonders peinlich finde ich es, ein Gespräch anzufangen und dann plötzlich nicht mehr weiterzuwissen.
- Schon allein wenn ich mir vorstelle, jemanden anzusprechen, bricht mir der Angstschweiß aus.
- Ich habe panische Angst, im Gespräch den Faden zu verlieren.
- Ich spreche niemanden an, weil der denken könnte, daß ich ihn anmachen will.

- Andere haben ein interessanteres Leben als ich und wissen was zu erzählen.
- Wer viel Worte von sich macht, ist ein Angeber. Zu denen will ich nicht gehören.
- Wenn ich ein Gespräch beginne, fühle ich mich dafür verantwortlich, daß sich mein Gegenüber gut unterhält.
- Komplimente machen mich verlegen.
- Andere wollen sich nur auf meine Kosten amüsieren.
- Andere reden nur banales Zeug. Das interessiert mich eh nicht.

B2: Körpersprache

- Das Schweigen im Lift ist für mich kaum auszuhalten. Ich schaue immer auf den Boden und mache mich klein.
- Auf Festen findet man mich immer in der hintersten Ecke.
- Ich traue mich nicht, Blickkontakt aufzunehmen.
- Auf Festen setze ich mich immer allein.
- Es fällt mir schwer, andere anzulächeln.
- Wenn ich unsicher bin, verschränke ich meine Arme vor der Brust oder vergrabe meine Hände in den Taschen.
- Ich verspüre häufig den Impuls, mich ganz klein zu machen.
- Ich habe Angst, andere zu berühren.
- Im Restaurant verschanze ich mich am liebsten hinter einer Zeitung.
- Wenn mich jemand anspricht, werde ich rot und fange an zu zittern.
- Wenn ich mich mal überwinde, jemanden anzusprechen, werde ich rot (fange ich an zu zittern; zu stottern; geht mir die Luft aus).
- Man sagt mir oft, daß ich zu leise spreche.
- Im Vergleich zu anderen kleide ich mich eher unauffällig.

C1: Meidung überhaupt

- Ich vermeide Veranstaltungen, auf denen ich niemanden kenne.
- Betriebsfeiern sind ein Greuel. Ich weiß nicht, worüber ich mich unterhalten soll. Deshalb habe ich immer eine Ausrede, nicht hinzugehen.
- Wenn ich Bekannte sehe, gehe ich auf die andere Straßenseite, um mich nicht unterhalten zu müssen.
- Im Zug suche ich immer nach einem leeren Abteil, im Cafe/Restaurant nach einem leeren Tisch in der Ecke.
- Meinen Einkauf erledige ich dann, wenn wenig Menschen unterwegs

sind und ich kaum Gefahr laufe, jemandem zu begegnen.
- Einladungen schlage ich aus, indem ich vorgebe, keine Zeit zu haben oder mich nicht wohl zu fühlen.
- Ich habe nur Hobbies, die ich alleine ausüben kann.
- Über Banales wie das Fernsehprogramm oder das Wetter zu reden, ist mir zu wenig. Was Besseres fällt mir nicht ein, also sage ich gar nichts.
- Heutzutage sind die Menschen nicht mehr aneinander interessiert. Da brauche ich erst gar kein Gespräch zu beginnen.
- Ich bin schon oft von Menschen enttäuscht worden. Sie sind alle gleich arrogant und oberflächlich.
- Zuhause ist es eh gemütlicher.
- Andere nützen einen nur aus und wollen einen reinlegen.

C2: Meidung des ersten Schrittes
- Wenn ich erst mal im Gespräch bin, läuft es ganz gut. Der erste Schritt ist der Schwierigste für mich.
- Wenn andere mich ansprechen, bin ich ganz froh.

Wenn Sie überwiegend die Aussagen unter der Überschrift A: <Fehlende Gesprächstechniken> markiert haben, dann sind für Sie besonders die Teile I und III interessant. Haben Sie Ihre Markierungen auf die drei Bereiche (A bis C) verteilt oder aber auch nur auf <Blockierende Einstellungen>, <Körpersprache und Meidung> (B und C), sind alle Teile des Buches für Sie wichtig. Dann sind Sie mit diesem Buch auf dem richtigen Weg. Sie selbst machen sich blockierende Gedanken und vermeiden den Kontakt. Sie haben jedoch die Fähigkeiten, daran etwas zu ändern. Unsere Erfahrung ist, daß fast alle Menschen, die unter Kontaktarmut leiden, auch blockierende Einstellungen haben. Denn überlegen Sie einmal: Wenn Sie die Sprache beherrschen, die gesprochen wird, und normal sprechen können, gibt es im Grunde genommen keinen triftigen Grund, einen anderen Menschen nicht anzusprechen. Und sogar dann, wenn Sie die Sprache nicht beherrschen, können Sie mit Mimik und Gestik eine Unterhaltung führen. Es steckt also meist mehr dahinter als das bloße Fehlen von Gesprächstechniken.

Kapitel 2
Was unterscheidet kontaktängstliche von kontaktfreudigen Menschen?

„Kontaktängstliche" und „kontaktfreudige" Menschen - das klingt nach dem Einordnen in Schubladen. Im Grunde genommen wehren wir uns dagegen, Menschen in Kästchen wie „kontaktängstlich" und „kontaktfreudig" einzusortieren. Solche Etiketten erwecken den Eindruck, als ob wir von Tatsachen und unveränderlichen Merkmalen sprechen. Nicht jeder kontaktängstliche Mensch ist jedoch in jeder Situation kontaktängstlich und nicht jeder Kontaktfreudige ist immer kontaktfreudig. Es gibt auch für Kontaktfreudige Situationen, in denen es ihnen schwerer fällt, Kontakt aufzunehmen. Außerdem mag es durchaus sein, daß sich manche Menschen selbst als kontaktfreudig einstufen, während sie von ihrem Umfeld als kontaktängstlich angesehen werden, und umgekehrt. Ganz zu schweigen davon, daß ein kontaktängstlicher Mensch sich zu einem kontaktfreudigen Menschen weiterentwickeln kann. Der Einfachheit halber wollen wir dennoch im folgenden die beiden Kategorien verwenden.

Mit <kontaktfreudig> wollen wir in diesem Buch diejenigen beschreiben: die sich frei entscheiden können, ob sie in einer Situation auf einen anderen zugehen wollen, und sich dabei den überwiegenden Teil der Zeit freudig erregt, entspannt oder nur ein klein wenig angespannt fühlen.

Mit <kontaktängstlich> charakterisieren wir diejenigen, die gerne den ersten Schritt tun möchten, aber Angst davor haben, und sich während des Gesprächs unwohl und unsicher fühlen. Unter diese Kategorie fallen auch diejenigen, die nach außen hin selbstsicher oder leicht überheblich wirken, auf andere zugehen, aber sich im Innern unsicher fühlen.

Wir Menschen unterscheiden uns darin, wie viel Kontakt und in welcher Form wir benötigen, um uns wohl zu fühlen. Außerdem gibt es Unterschiede in dem Ausmaß, wie wir Kontakt aufnehmen oder vermeiden. Wir können uns dies auf einer Skala von 0 bis 100 vorstellen.

0 ————————————————————————— 100
Einsiedler   Alleinunterhalter
meidet Kontakte   sucht Kontakte
braucht keine Kontakte   braucht Kontakte

An dem einen äußersten Ende (bei 100) können wir die Menschen anordnen, die gerne ein Bad in der Menge nehmen und als Alleinunterhalter im Mittelpunkt stehen. Es sind diejenigen, die mit jedem sofort in Kontakt kommen und per Du sind, deren Visitenkartenbox am Überquellen ist. Sie brauchen den Kontakt zum anderen fast ebenso wie die Luft zum Atmen. Am anderen Ende (bei 0) sind die Menschen, die ein „Einsiedlerdasein" führen und sich sehr schwertun, mit anderen ins Gespräch zu kommen. Sie fühlen sich meist nur wohl in der Rolle des Zuhörers und in der Unterhaltung von Angesicht zu Angesicht. Manche von ihnen würden gerne mehr Kontakt haben, aber lassen sich von ihren Ängsten davon abhalten. Andere haben nur selten ein Bedürfnis nach Kontakt und Ansprache. In den Mittelbereich würden wir die Menschen ansiedeln, die Kontakte aufnehmen können und sich sowohl als Zuhörer als auch als aktiver Gesprächspartner wohl fühlen.

Höchstwahrscheinlich gehören Sie eher zu den Menschen, die sich wohler fühlen, leise und unauffällig zu sein, - zu den Menschen, die schon froh darüber sind, wenn sie mit einem Menschen aus der Gruppe ins Gespräch kommen.

Unserer Meinung nach wird es immer Unterschiede zwischen den Menschen darin geben, wie viel Kontakt sie benötigen, um sich wohl zu fühlen. Wichtig ist nur, daß man dann Kontakt aufnehmen kann, wenn man das Bedürfnis danach hat.

Sie haben sich dieses Buch gewählt, weil Sie sich in bestimmten Situationen gerne leichter tun würden, auf andere zuzugehen. Sie können und brauchen nicht von einem Extrem zum anderen springen. Sie können langsam und gemächlich von Ihrem Startpunkt ein wenig in die von Ihnen gewünschte Richtung gehen, jederzeit anhalten, eine Pause machen oder sich an dieser Stelle niederlassen.

Die Fähigkeit, auf andere Menschen unverkrampft und frei zuzugehen, ist nicht angeboren, sondern erlernt. Deshalb können Sie auch lernen, ungezwungen mit anderen ins Gespräch zu kommen und sich dabei entspannt zu fühlen.

Schauen wir uns einmal folgende Szene an:

Frau N. und Frau P. haben bei einer Reisegesellschaft eine Busreise in die Toskana gebucht.
Frau N. macht sich schon vor der Reise Sorgen, ob sie auch Anschluß finden wird. „Hoffentlich sind die richtigen Leute für mich dabei und ich komme neben einer netten Frau zum Sitzen!?" „Hoffentlich sind keine Klugscheißer dabei, die immer alles besser wissen, sodaß ich mir wie ein kleines Dummchen vorkomme." Als sie in den Bus einsteigt, sucht sie nach einem Sitzplatz möglichst weit hinten - wo noch niemand sitzt. Sie läuft schnell und starren Blickes bis zu einem leeren Sitzplatz. Sofort kramt sie ihren Reiseführer heraus und vertieft sich in ihn. Als sich eine andere Frau neben sie setzt, schaut sie nur kurz auf. Die Fahrt zieht sich für sie unendlich lang dahin und sie ist bereits jetzt fest davon überzeugt, die gesamte Reise über wieder alleine zu bleiben. Um sie herum kommt Stimmung auf. Die Mitreisenden unterhalten sich lebhaft und sie hat den Eindruck, diese hätten sich bereits alle schon vor Reiseantritt gekannt. Auch ihre Sitznachbarin ist aufgestanden und unterhält sich angeregt mit einem Mann in der

Sitzreihe vor ihnen. „Warum kann sie denn nicht auch mal ein paar Worte mit mir wechseln!" Sie fühlt sich in ihrer Einstellung bestätigt: „Es muß doch etwas an mir sein, was andere abstößt."

Anders die Erfahrung von Frau P.:

Frau P. schaut der Reise freudig entgegen. Sie hat sich schon ausgemalt, welche großartigen alten Städte sie besuchen werden und welche Lekkereien sie von der Toskana nach Hause mitbringen möchte. Über ihre Mitreisenden hat sie sich überhaupt keine Gedanken gemacht. Bisher hat sie immer ein paar nette Leute kennengelernt.

Frau P. lacht die Mitreisenden schon vor dem Bus an und begrüßt sie mit den Worten: „Können sie es auch kaum erwarten, bis es losgeht? Ich bin so gespannt, was uns alles Schönes auf der Reise erwartet." Einen kräftig wirkenden Mann bittet sie, ihren Koffer ins Gepäckfach zu legen. Nach dem Einsteigen läßt sie erst einmal ihren Blick im Bus umherschweifen und sucht nach einer Mitreisenden, die ihr sympathisch ist. Bei einer Frau in der zweiten Reihe, die ihren suchenden Blick erwidert, läßt sie sich häuslich nieder. Sie spricht sie gleich nach Fahrtbeginn an, wie sie auf diese Busreise gekommen sei und ob sie schon öfter an solchen Kulturreisen teilgenommen habe. Bis sie an ihrem Reiseziel ankommt, weiß sie bereits vieles aus dem Leben ihrer Sitznachbarin und hat dieser auch einiges Persönliche von sich erzählt. Der nette Mann, der ihr beim Kofferverstauen half, ist auch wieder zur Stelle und bietet sich von sich aus an, ihr zu helfen. Sie ist sich sicher, daß es schon zwei nette Leute gibt, die sie auf der Reise begleiten.

Was unterscheidet die beiden Frauen, die genau die gleiche Reise gebucht haben? Was nehmen Frau N. und Frau P. neben ihrem sichtbaren Reisegepäck an unsichtbarem Ballast oder Hilfsmitteln – an Einstellungen, Gefühlen und eingefahrenen Verhaltensmustern mit auf die Reise?

Das Reisegepäck eines **kontaktfreudigen** Menschen wie das von Frau P. sieht so aus:

- Die Überzeugungen:
  Ich bin liebenswert.
  Ich habe Interessantes anzubieten.

Andere sind interessant und haben mir etwas zu geben.
Es gibt Menschen, mit denen ich mich wohl fühle.
Es lohnt sich, ein Risiko einzugehen und andere anzusprechen.
Wenn ich bei einem Menschen nicht so gut ankomme, dann gibt es genug andere.
Wenn Menschen sich nicht mit mir unterhalten wollen, sagt das nichts über meine Attraktivität aus, sondern über deren momentane Erwartungen und Vorstellungen von einem Gespräch.

- Die Gefühle:
Vertrauen
Selbstsicherheit
Freude
positive Gespanntheit auf Neues

- Das Verhalten:
a) nonverbal
Blickkontakt
Lächeln
aufrechte Körperhaltung
lockere Sitzposition, Beine und Arme entspannt
geht auf andere zu und macht den ersten Schritt

b) verbal
spricht von sich
sucht nach Gemeinsamkeiten zwischen sich und anderen, die sie anspricht
hört aktiv zu

Das Reisegepäck eines **kontaktängstlichen** Menschen wie das von Frau N. sieht so aus:

- Die Überzeugungen:
Alle Menschen lehnen mich ab.
Ich bin unattraktiv, nicht liebenswert, nicht gut genug, um das Interesse anderer zu wecken.

Ich habe nichts anzubieten.
Ich darf andere nicht ansprechen.
Wenn ich abgelehnt würde, wäre das furchtbar.
Wenn ich abgelehnt würde, würde das bedeuten, daß ich ein ablehnenswerter Mensch bin.
Wenn ich jemanden anspreche, darf ich mir keine Blöße geben, darf ich keinen Fehler machen.
Andere sind klüger, interessanter.

• Die Gefühle:
Enttäuschung
Verbitterung
Angst
Unsicherheit
Einsamkeit

• Das Verhalten:
a) nonverbal
kein Blickkontakt
starre Mimik
angespannte und abgewandte Körperhaltung

b) verbal
schweigend
abwartend, bis jemand sie anspricht
erzählt nichts von sich

Sie sehen am Beispiel von Frau P. und Frau N., daß kontaktängstliche und kontaktfreudige Menschen der Welt ganz unterschiedlich begegnen und auch unterschiedliche Reaktionen bei ihrem Umfeld auslösen.

• Aus Angst, etwas Falsches zu sagen, schweigt Frau N. und riskiert damit, für dumm, uninteressant oder schüchtern gehalten zu werden.
• Aus Angst, aufdringlich zu sein, nimmt Frau N. keinen Blickkontakt auf und lächelt niemanden an. Sie riskiert da-

23

mit, für arrogant, abweisend oder für eine Eigenbrödlerin
gehalten zu werden.

- Aus Angst, daß man ihre Unsicherheit und Schwächen er-
kennt, versteckt sie sich hinter ihrem Reiseführer, und riskiert, als desintessiert an ihren Mitreisenden angesehen zu
werden.

Nun ist es natürlich nicht so, daß eine Frau P. eine hundertprozentig sichere und risikofreie Strategie hat. Auch
macht Sie nicht nur positive Erfahrungen und es wird nicht jedes ihrer Kontaktangebote mit Bereitwilligkeit vom Gegenüber angenommen. Manchmal stößt sie auf einen Gesprächspartner, der unwirsch, zäh und unwillig ist, sich auf eine Unterhaltung einzulassen. Manchmal führt das Gespräch auch
bei ihr zu einem Punkt, wo sie nichts mehr zu sagen hat und
Stille entsteht.

Doch, und da kommt schon wieder ein Unterschied zwischen Frau P. und Frau N. ins Spiel: Frau P. bewertet diese
Erfahrung nicht als Beweis dafür, daß sie eine unattraktive,
unfähige Gesprächspartnerin ist. Für sie wurde einfach ein
Angebot nicht angenommen, und das hat überhaupt nichts
mit ihr zu tun. Frau N. dagegen sieht darin nur eine Bestätigung ihrer Erwartung, daß sie unattraktiv und für niemanden
interessant ist.

Kapitel 3
Wie wird man zu einem eher kontakt-ängstlichen oder eher kontaktfreudigen Menschen?

Wenn wir kleine Kinder beobachten, können wir leicht erkennen, daß sie keine oder weniger Probleme haben, ihre Hand nach anderen Menschen auszustrecken und diese anzusprechen. Sie robben hemmungslos auf wildfremde Menschen zu, lassen diese von ihrem Keks abbeißen oder erzählen in ihrem kindlichen Kauderwelsch, was ihnen Spannendes passiert ist. Sie nehmen Kontakt auf, indem sie dem kleinen Nachbarjungen im Sandkasten einfach die Schaufel wegnehmen oder den Nachbarn am Hosenbein ziehen, um ihren Wunsch nach einem Eis kund zu tun.

Doch wie sieht es später aus? Was passiert mit uns, damit wir so werden, wir wir heute als Erwachsene sind? Wo bleibt unser Selbstvertrauen und das Vertrauen, daß andere uns zuhören oder zumindest nichts Böses tun werden?

Begeben wir uns einmal auf eine Zeitreise zurück in die Vergangenheit. Versuchen Sie - falls Sie sich aus dieser Perspektive noch nicht damit befaßt haben - herauszufinden, ob Sie eher ein aufgeschlossenes oder ein stilles und zurückgezogenes Kind waren.

1. Was wissen Sie über Ihr Kontaktverhalten in der Kindheit?
2. Haben Sie im Kindergarten gleich Anschluß gefunden?
3. Wie lange haben Sie gebraucht, um in der Schule, in der Berufsausbildung oder an der Universität Kontakt zu knüpfen? Gibt es einen Bruch in Ihrer Entwicklung, einen

Zeitpunkt, ab dem Sie sich nicht mehr trauten, auf andere zuzugehen?

4. Wie war das auf Reisen, im Ferienlager, im Tanzkurs etc.?
5. Haben Ihre Eltern Ihren Kontakt zu anderen eher gefördert oder gehemmt? Wodurch? Sind Ihre Eltern selbst kontaktfreudig (gewesen)?
6. Haben Ihre Eltern Sie vor Fremden gewarnt?
7. Hatten Ihre Eltern viele Vorurteile gegenüber anderen Menschen?
8. Haben Ihre Eltern sehr viel Wert auf die Meinung anderer gelegt?
9. Haben Ihre Eltern Ihnen vermittelt, daß sie Sie lieben und unterstützen - gleichgültig wie Ihre Leistungen und Ihr Verhalten waren?
10. Gibt es an Ihnen ein äußeres Merkmal, eine Eigenschaft oder eine Einstellung, welche Sie stark von anderen unterscheidet oder unterschieden hat? (z.B. eine körperliche Behinderung, einen Dialekt, einen Sprachfehler wie etwa das Stottern, einen großen Busen, einen von der Norm abweichenden Körperbau, die Zugehörigkeit zu einer Sekte, Religion)? Gab es sonst jemanden in Ihrer Familie, der von der „Norm" abwich (z.B. einen alkoholabhängigen Vater, ein mongoloides Geschwisterchen)?

Sie merken an diesen Fragen, daß es viele unterschiedliche Faktoren gibt, die dazu beitragen können, welche Kontaktgewohnheiten wir entwickeln und als Erwachsene zeigen. Bestimmte Lernprinzipien führen dazu, daß wir im Laufe unserer Kindheit die für uns im Augenblick charakteristischen Verhaltensweisen entwickeln, weiterentwickeln und andere aufgeben:

a) Jedes Verhalten, für das wir eine Belohnung erhalten, zeigen wir häufiger. Belohnung ist all das, was wir als angenehm empfinden: z.B. positive Beachtung, Zuneigung, Geschenke, Vergünstigungen, Geld. Als Belohnung erleben wir es auch, wenn ein unangenehmer Zustand beendet wird. Dann hört etwa der Stubenarrest auf, wenn man sich fügt. Wir lernen am Erfolg.

b) Jedes Verhalten, das nicht mehr belohnt wird, d.h. nicht mehr beachtet wird, geben wir auf. Dies wird in der Psychologie als Löschung bezeichnet.

c) Jedes Verhalten, das durch negative Konsequenzen bestraft wird, unterlassen wir. Das Verhalten wird unterdrückt aus Angst vor negativen Folgen, z.B. durch Kritik, Beschimpfung, Schläge, Arrest, Mißbilligung, Verachtung, Ablehnung. Als Bestrafung zählt auch die Wegnahme angenehmer Konsequenzen. Nachteil der Methode der Bestrafung ist es, daß neue Verhaltensweisen nicht erlernt werden. Wir vermeiden und haben keine Chance, einmal gemachte Erfahrungen zu korrigieren.

In der Kindheit sind es zunächst überwiegend die Eltern und nahen Bezugspersonen, die Einfluß auf die Ausbildung unserer Verhaltensgewohnheiten nehmen.

Faktoren, die auf unser Kontaktverhalten einen Einfluß haben:

1. **Körperliche Merkmale, Eigenschaften, Verhaltensweisen, die aus der Norm fallen oder von der Umgebung abweichen**

   Weisen wir körperliche oder andere Merkmale auf, die andere als abstoßend, abnorm, ansteckend, etc. ansehen (z.B. stottern, schielen, behindert sein, andere Hautfarbe), dann werden sie unseren Kontaktversuch möglicherweise abblokken. Manchmal genügt es auch, wenn unsere Eltern in irgendeiner Weise aus der Norm fallen (alkoholabhängig oder arbeitslos sind, Dialekt sprechen, einer Sekte oder bestimmten Volksgruppe angehören, zu der unteren sozialen Schicht gehören oder neureich sind), damit wir von anderen Ablehnung er-

27

fahren. Wir machen die Erfahrung, von anderen abgelehnt zu werden, was von uns als kränkend erlebt wird, und ziehen uns eher zurück.

Wenn wir uns selbst wegen dieser körperlichen Merkmale oder Eigenschaften verurteilen, dann haben wir Angst, andere könnten uns auch dafür verurteilen, und vermeiden es deshalb, auf andere zuzugehen.

2. die Reaktionen unserer Umgebung: Geschwister, Freunde, Lehrer, Nachbarn

Wenn Menschen, die uns wichtig sind, uns hänseln, auslachen, kritisieren, ablehnen, dann können wir zu dem Schluß kommen, es sei besser für uns, jeden Kontakt zu meiden, da uns das immer wieder widerfahren würde. Oder aber wir kommen zu dem Schluß, uns hinter einer Maske zu verstecken, nichts mehr von uns preiszugeben, und wirken dadurch distanziert und arrogant.

3. das Verhalten unserer Eltern

Unsere Eltern und nahen Bezugspersonen sind die Personen, die uns am meisten prägen. Wenn wir zur Welt kommen, beherrschen wir noch kaum Verhaltensstrategien, um in dieser Welt zu bestehen. Wir wissen noch nicht, was für uns gefährlich, was falsch und was richtig ist. Wir wissen nicht, nach welchen Regeln wir leben müssen, um uns in der Gesellschaft zu integrieren, um beruflich und privat erfolgreich zu sein. Unsere Eltern vermitteln uns dieses Wissen, indem sie es uns vorleben, aber auch geduldig mitteilen und durch Konsequenzen (Belohnung und Bestrafung) verdeutlichen.

Eltern, die selbst mit der Einstellung durch die Welt gehen, daß sie was Besseres seien oder aber daß andere Menschen grundsätzlich schlecht seien, werden dies ihren Kindern weitergeben. Sie werden vor dem Kontakt mit Fremden warnen, andere verurteilen, die Kontakt aufnehmen, und selbst Kontakte meiden. Oder aber sie werden uns vorleben, wie man Gespräche nicht führen sollte: indem man nur von sich erzählt, recht haben will, anderen das Wort abschneidet, nichts von sich erzählt und eine Fassade aufrechterhält.

Eltern, die selbst große Angst vor Ablehnung haben, werden uns vorleben, daß man besser alles mit sich ausmacht, Freunde und Bekannte einen eh nur enttäuschen, indem sie auch keine Kontakte knüpfen. Da wir als Kinder die Verhaltensweisen unserer Eltern nicht hinterfragen, sondern davon ausgehen, daß die Eltern wissen, was richtig und gut für uns ist, ahmen wir sie nach. Außerdem bekommen wir auch meist nur dann die Zuwendung unserer Eltern, wenn wir uns nach deren Vorstellungen verhalten.

Bis wir erwachsen sind, sind diese Verhaltensweisen uns dann so in Fleisch und Blut übergegangen, daß wir meinen, uns nur auf diese Art und Weise verhalten zu können. Wir drücken uns den Stempel „schüchtern" oder „menschenscheu" auf.

Unsere Eltern sind aber auch maßgeblich am Aufbau unseres Selbstvertrauens und unseres Selbstbewußtseins beteiligt. Kontaktverhalten und Selbstbewußtsein hängen ganz eng miteinander zusammen. In Kapitel 4 werden wir uns eingehend damit befassen. Hier nur so viel: Wenn wir ein geringes Selbstbewußtsein haben, befürchten wir, daß andere uns ablehnen werden, und haben Angst, auf diese zuzugehen. Oder wir behandeln andere aus Angst davor, abgelehnt zu werden, von oben herab. In der Unterhaltung selbst neigen wir zudem dazu, das Verhalten des anderen schneller als abwertend einzuschätzen.

Die Eltern und nahen Bezugspersonen können uns entweder dabei helfen, ein gesundes Selbstbewußtsein aufzubauen, oder es erschüttern.

Durch die folgenden Verhaltensweisen können die Eltern unsere Selbstzweifel fördern: Die Eltern
- überbehüten und nehmen uns jegliche Verantwortung ab,
- hänseln, necken uns wegen bestimmter Eigenschaften oder

Verhaltensweisen und lehnen uns ab,

- tun sich schwer, uns zu berühren, zu küssen und zu umarmen, sodaß wir Angst vor körperlicher Nähe haben,
- halten uns davon ab, neue Menschen kennenzulernen und Neues auszuprobieren,
- halten uns davon ab, über uns, unsere Familie, unsere Gefühle zu sprechen, sodaß wir uns nicht getrauen, uns zu öffnen, und die Gespräche mit anderen oberflächlich bleiben,
- akzeptieren unterschiedliche Meinungen nicht und leben uns Intoleranz vor. Dadurch begegnen wir Menschen mit Vorurteilen.
- fordern von uns Höchstleistungen und lehnen uns ab, wenn wir sie nicht erfüllen. Dadurch entwickeln wir Angst zu versagen.
- verurteilen Niederlagen und bestrafen alles, was ein erfolgloser Versuch war.
- verbessern und kritisieren uns ständig.
- erzählen uns, daß wir kontaktscheu und schüchtern seien. So verhalten wir uns entsprechend ihrer Annahmen.
- ziehen unsere Geschwister uns vor.
- vergleichen uns beständig mit anderen Kindern.

4. eigene Einstellungen, die wir zu uns selbst und zu anderen entwickelt haben

Durch die Erfahrungen, die wir im Laufe unserer Kindheit sammeln, basteln wir uns eine eigene Lebensphilosophie zurecht. Wir entwickeln eine Vorstellung von unseren Eigenschaften und Fähigkeiten. Diese Vorstellung bewerten wir als gut oder schlecht. Je nachdem, ob wir uns in Ordnung, attraktiv, beliebt, fähig, liebenswert oder als Versager, dumm, unattraktiv, unbeliebt, ablehnenswert, minderwertig ansehen, verhalten wir uns und bewerten unsere Mitmenschen und Ereignisse. Haben wir ein negatives Selbstbild, erwarten wir von uns Mißerfolg, werten unser eigenes Verhalten ab und entwerten auch die Komplimente anderer.

Wir entwickeln auch eine Vorstellung davon, was in der

Welt passiert, wie andere Menschen mit uns umgehen und was wir von anderen Menschen brauchen. Vertrauen oder Mißtrauen prägen unsere Erwartungen. Haben wir ein negatives Selbstbild, erwarten wir das Schlimmste von anderen.

5. traumatische Erlebnisse

Unfälle, eine schwere Krankheit, sexueller Mißbrauch, der frühe Tod der Eltern, die Scheidung der Eltern, aber auch häufiger Wohnungswechsel und Auswanderung in ein anderes Land können unser Selbstvertrauen erschüttern und die Kontaktaufnahme erschweren.

Haben wir erst einmal eine Reihe negativer Erfahrungen gemacht und eine negative Einstellung entwickelt (z.b. „Mich mag sowieso keiner"), dann werden wir immer wieder alles tun, um uns diese negativen Erfahrungen zu bestätigen:
• Wir werden Situationen meiden, weil wir glauben, daß sie für uns gefährlich oder schmerzhaft sind, und auf diesem Weg niemals die Erfahrung sammeln können, daß wir als Erwachsene besser damit umgehen können. Beispielsweise werden wir keine fremden Menschen mehr ansprechen oder nicht mehr auf ein Fest gehen.
• Wir werden Erfahrungen so bewerten, daß unsere Weltanschauung nicht erschüttert wird. Beispielsweise werden wir das einsilbige Verhalten anderer uns gegenüber sofort als Kritik oder Ablehnung auslegen, ein Kompliment als „Der will nur etwas von mir", ein Lachen als Auslachen, einen Erfolg als Zufall, einen Fehler als generelle Unfähigkeit.
• Wir werden durch unsere Meidung erreichen, daß wir unsere Fähigkeiten nicht weiterentwickeln und unsere düsteren Prognosen („Mich mag ohnehin keiner") bestätigen.

Vor- und Nachteile Ihres bisherigen Verhaltens

Gehen wir einmal davon aus, daß Sie sich aufgrund Ihrer Erfahrungen dafür entschieden haben, zu der Gruppe der Kontaktängstlichen zu gehören. Dann geben Sie sich gute Gründe für dieses Verhalten. Und auch wenn Sie sich noch so sehr wünschen, offener auf andere Menschen zugehen zu können, werden diese Gründe im Augenblick noch Ihr Verhalten bestimmen. Im Augenblick haben Sie noch mehr Argumente dafür, sich von neuen Kontakten zurückzuhalten, als Kontakt anzuknüpfen.

Schauen wir uns an, welche Vor- und Nachteile Ihr jetziges Kontaktverhalten, Kontakt eher zu meiden, für Sie haben könnte:

Vorteile Ihres kontaktängstlichen Verhaltens

- Es schützt Sie vor Enttäuschung. Sie ersparen sich eine mögliche Ablehnung.
- Es schützt Sie vor Selbstvorwürfen, etwas falsch gemacht zu haben, wenn Sie auf Desinteresse stoßen oder das Gespräch nicht in Ihrem Sinne verlaufen würde.
- Es schützt Sie vor Schuldgefühlen, wenn der andere sich während oder nach einem Gespräch mit Ihnen schlecht fühlen würde.
- Es schützt Sie vor Konflikten, die sich aus dem Gespräch mit anderen ergeben könnten.
- Sie können das Alleinsein rechtfertigen.
- Sie können sich als zurückhaltend, besonnen und still beschreiben.
- Andere werden Sie nicht für aggressiv und angeberisch halten.

Nachteile Ihres kontaktängstlichen Verhaltens

- Sie lernen keine neuen Menschen kennen.
- Ihnen entgehen Anregungen, Anerkennung und Bestätigung durch andere.
- Sie können sich in Ihren Kommunikations- und Kontakt-

fähigkeiten nicht weiterentwickeln und nicht aus Ihren Fehlern lernen.

- Sie fühlen sich einsam und nicht dazugehörig.
- Sie können nicht über Ihre Erfahrungen, Meinungen und Interessen sprechen.
- Ihnen entgeht körperliche Nähe.
- Sie können nicht gemeinsam mit anderen Menschen lachen oder ihr Verständnis verspüren.
- Sie erhalten keine Rückmeldung durch andere, d.h können Ihr Selbstbild nicht korrigieren.
- Sie erhalten wenig positive Rückmeldung durch andere und andere schätzen Sie falsch ein, da Sie Ihre positiven Eigenschaften aus Angst nicht zeigen.
- Die Angst ist Ihre Entscheidungshilfe. Sie können nicht frei entscheiden, an welchen Veranstaltungen und Festen Sie teilnehmen möchten. Sie entscheiden aufgrund Ihrer Angst, ob Sie meiden oder nicht.

Im Moment spüren Sie einen Konflikt. Auf der einen Seite möchten Sie gerne offener auf andere zugehen, auf der anderen Seite haben Sie Angst davor. Wir können uns das bildlich so vorstellen, daß es in Ihrem Innern zwei Waagschalen gibt. In der einen liegen die Vorteile Ihres alteingefahrenen kontaktängstlichen Verhaltens. Die andere ist durch die Nachteile gefüllt. Bisher hat die Waagschale der Vorteile ein Übergewicht. Sie haben sich entschieden, lieber auf Nummer Sicher und kein Risiko einzugehen, und dafür ohne Kontakte zu sein oder mit wenigen Kontakten vorliebzunehmen.

Was können Sie nun tun, um sich zu einer Veränderung zu motivieren? Sie müssen die Waagschale, die im Augenblick noch mit Gründen für Ihr altes Kontaktverhalten mit Meidung und Angst angefüllt ist, leeren. Dies können Sie, indem Sie die Waagschale der Nachteile für Ihr altes Verhalten weiter anfüllen oder ein paar der Vorteile Ihres Kontaktvermeidungsverhaltens weiter entkräften. Im nächsten Kapitel wollen wir uns eingehender damit befassen.

Kapitel 4
Hemmungen entstehen im Kopf

Die Kenntnis und das Beherrschen gesprächsfördernder Techniken UND hilfreicher innerer Einstellungen sind die beiden Hauptpfeiler, auf denen wir neues Kontaktverhalten aufbauen können. Wir können uns Wissen schneller aneignen, als unser Verhalten zu verändern. Außerdem benötigen wir zur Umsetzung des Wissens auch förderliche Einstellungen. Deshalb beginnen wir zunächst mit den inneren Einstellungen.

Am Beispiel von Frau P. und Frau N. haben wir gesehen, daß wir ein und dieselbe Situation völlig unterschiedlich angehen und erleben können. Nicht die Situation macht es uns schwer, Kontakte zu knüpfen, sondern das, was wir uns innerlich erzählen: unser inneres Selbstgespräch.

Das ABC der Gefühle

Alle unsere Gefühle entstehen nach einem bestimmtem Schema: dem ABC der Gefühle:

A: Situation
Wir sind in einer bestimmten Situation, nehmen etwas wahr.

B: Bewertung
Wir bewerten das Ereignis als positiv, negativ oder neutral.

C: Gefühle, Verhalten und Körperreaktionen
Wir fühlen uns entsprechend unserer Bewertung positiv, negativ oder neutral, haben die dazugehörigen Körperreaktionen und zeigen das dazugehörige Verhalten.

Unsere Bewertung einer Situation ist der Dreh- und Angelpunkt für unsere Gefühle, Körperreaktionen und Verhaltensweisen:

- Wenn wir etwas als gefährlich bewerten, werden wir Angst oder Wut verspüren, flüchten, die Situation meiden oder kämpfen.
- Wenn wir etwas als ungerecht bewerten, folgt die Wut auf den Fuß. Wir werden uns offen wehren oder unseren Ärger in uns hineinfressen.
- Bewerten wir etwas als hoffungslos, aussichtslos, dann werden wir depressiv, sind kraftlos und können uns nur schwer zu etwas aufraffen.
- Sehen wir etwas als angenehm oder positiv, werden wir Freude und Liebe verspüren.
- Eine neutrale Bewertung, es ist weder gut noch schlecht für uns, führt zu Gefühlen der Ausgeglichenheit und inneren Ruhe. Wir sind dann konzentriert und in einer guten Arbeitsstimmung.

Unsere Bewertungen, unser inneres Selbstgespräch laufen ganz automatisch ab. Meist sind wir uns nicht bewußt, daß wir überhaupt etwas denken. Wir verspüren nur unsere Gefühle, unsere Körperreaktionen und nehmen unser Verhalten wahr. Doch denken wir in jeder Situation etwas. Wir vergleichen das, was auf uns zukommt, mit den Erfahrungen aus unserer Kindheit und mit dem Wissen, das wir uns angelesen oder gehört haben. Hier kommt also wieder unsere Kindheit ins Spiel.

Haben wir in einer bestimmten Situation bereits Erfahrungen gemacht, die wir in unserem Kopf als negativ abgelegt haben, werden wir diese Situation meiden oder uns nur mit viel Anspannung und Angst überwinden können, in diese Situation zu gehen. Vielleicht haben Sie sich auch einmal an der heißen Herdplatte verbrannt oder kräftig in den Finger geschnitten und begegnen diesen Gegenständen seitdem mit großem Respekt.

Leider ist es so, daß viele Bewertungen und Schlußfolgerungen, die wir als Kinder getroffen haben, jetzt - da wir erwachsen sind - anders ausfallen würden. Wir machen uns jedoch nicht die Mühe, sie nochmals zu überprüfen. Stattdessen verhalten wir uns weiter gemäß unserer alten Bewertungen und Schlußfolgerungen.

Beispielsweise haben viele Menschen in der Kindheit eine unangenehme Erfahrung mit dem Gedichtaufsagen in der Schule gemacht. Ihnen fiel der Text nicht mehr ein und die Mitschüler haben gelacht, oder der Lehrer hat sie vor der Klasse bloßgestellt. Sie haben daraus die Schlußfolgerung gezogen: „Das war eine fürchterliche Situation. Nie mehr möchte ich sie erleben. Deshalb werde ich nie mehr eine Rede halten, ein Gedicht aufsagen, vor einer Gruppe von Menschen sprechen ... Ich bin unfähig, dies zu tun". Viele Menschen haben auch eine „traumatische" Erfahrung im Tanzkurs gemacht, als sie nur mit viel Zureden des Tanzstundenlehrers dann quasi als zweite Wahl noch von einem Tanzstundenpartner aufgefordert wurden. Seitdem meiden sie Veranstaltungen, die mit Tanzen verbunden sind.

Wollen wir als Erwachsene all unsere Fähigkeiten nutzen, müssen wir uns unsere automatisch ablaufenden Bewertungen und Schlußfolgerungen bewußtmachen und sie nochmals überprüfen: „Sind sie wirklich der Situation und meinen Fähigkeiten angemessen?" Wie wir dies genau anpacken, werden wir in Kapitel 8 erarbeiten.

Lassen Sie uns nun wieder Frau P. und Frau N. in einer typischen Situation beobachten:

A: Situation
Frau N. ist auf ein Fest eingeladen, auf dem sie niemanden kennt. Sie steht in einer Ecke und beobachtet die anderen Gäste.

B: Bewertung

Alle amüsieren sich und unterhalten sich gut. Nur für mich interessiert sich keiner.
Immer passiert mir das, daß ich alleine rumstehe.
Wenn ich jemanden anspreche, werde ich bestimmt rot.
Ich habe nichts Interessantes zu erzählen.

C: Gefühle, Verhalten und Körperreaktionen

Frau N. ist angespannt, fühlt sich einsam und traurig. Sie senkt ihren Blick und steht wie angewurzelt. Sie geht auf niemanden zu, sondern wartet darauf, angesprochen zu werden.

Anders geht Frau P. mit der Situation um:

A: Situation

Frau P. ist auf ein Fest eingeladen, auf dem sie niemanden kennt. Sie steht in einer Ecke und beobachtet die anderen Gäste.

B: Bewertung

Mal schauen, wer mich interessieren könnte. Gibt es jemanden, mit dem ich etwas gemeinsam habe? Jemand, der mir sympathisch ist?

C: Gefühle, Verhalten und Körperreaktionen

Frau P. ist freudig erregt, schaut, wer an einem Gespräch interessiert sein könnte. Sie sucht Blickkontakt, lächelt, geht auf eine ihr unbekannte Person zu und spricht sie an.

Jede der beiden Frauen wird am Ende des Abends den Eindruck haben, sich richtig eingeschätzt zu haben. Frau N. wird das Fest verlassen mit der Bestätigung, unattraktiv zu sein und keine Kontakte knüpfen zu können. Frau P. wird sich in ihrer Ansicht bestätigt sehen, daß es genügend interessante Menschen auf der Welt gibt, mit denen sie einen netten Abend verbringen kann.

Frau N. hat sich einen Käfig gebaut, aus dem sie sich nur selbst befreien kann. Sie muß lernen, ihre uralten Selbstgespräche, die sie aus ihrer Kindheit herübergerettet hat, zu überprüfen und neues Verhalten zu wagen.

Kontaktängstliche Menschen geraten in einen Teufelskreis. Alles beginnt mit der Einstellung sich selbst gegenüber.

Der Teufelskreis
eines kontaktängstlichen Menschen

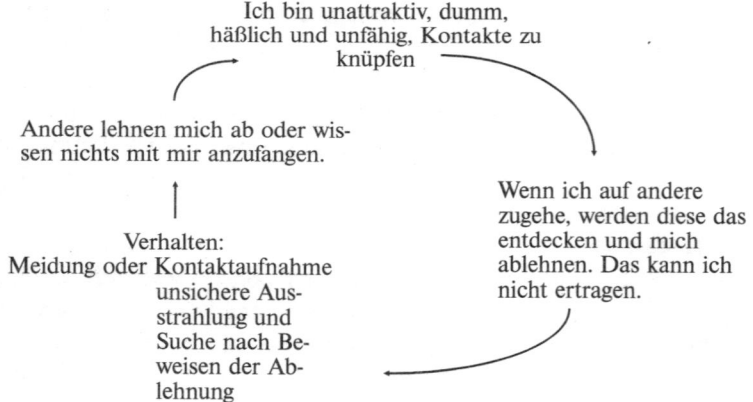

Ich bin unattraktiv, dumm, häßlich und unfähig, Kontakte zu knüpfen

Andere lehnen mich ab oder wissen nichts mit mir anzufangen.

Verhalten: Meidung oder Kontaktaufnahme unsichere Ausstrahlung und Suche nach Beweisen der Ablehnung

Wenn ich auf andere zugehe, werden diese das entdecken und mich ablehnen. Das kann ich nicht ertragen.

Diesen Kreislauf gibt es noch in einer anderen Variante:

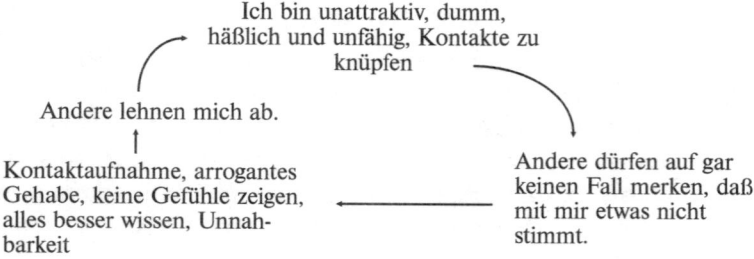

Ich bin unattraktiv, dumm, häßlich und unfähig, Kontakte zu knüpfen

Andere lehnen mich ab.

Kontaktaufnahme, arrogantes Gehabe, keine Gefühle zeigen, alles besser wissen, Unnahbarkeit

Andere dürfen auf gar keinen Fall merken, daß mit mir etwas nicht stimmt.

Der Kreislauf ist jeweils in sich geschlossen. Unglücklicherweise werden die negativen Annahmen über die eigene Person mit jeder Erfahrung bestätigt und damit verstärkt. Deshalb können nur Sie selbst den Kreislauf unterbrechen. Und das ist ein ganzes Stück Arbeit. Es ist deshalb Arbeit, weil Sie es im Augenblick gewöhnt sind, so zu denken. Sie haben sich eine feste Meinung über sich selbst gebildet - aufgrund von vielen Erfahrungen, die Sie in der Vergangenheit gemacht haben. Und wenn man jahrelang in ein und derselben Weise denkt, glaubt man, es müsse richtig sein und man könne nur so sein.

Das ABC der Gefühle besagt auch, daß wir, gleichgültig was wir denken, immer die dazu passenden Gefühle in unserem Körper verspüren werden.

Sie können sich, was auch immer Sie wollen, einreden, und werden mit der Zeit auch die dazu passenden Gefühle in Ihrem Körper verspüren. Gefühle haben nichts mit der Realität zu tun, sondern sagen nur etwas darüber aus, was Sie sich eingeredet haben. Ihr Verhalten ist immer verstehbar und die logische und zwangsläufige Folge Ihres Selbstgesprächs.

Wenn Sie sich einreden, daß der Schritt auf andere zu zwangsläufig in einem Desaster enden wird und daß das für Sie unerträglich wäre, dann müssen Sie Angst vor der Kontaktaufnahme bekommen und den Drang verspüren, sich eine solch „gefährliche" Situation zu ersparen.

Es bringt Ihnen deshalb auch nichts, nur an sich zu appellieren, sich doch zusammenzureißen und „todesmutig" ein Gespräch zu beginnen. Dies mag Ihnen zwar das eine oder andere Mal gelingen. Solange Sie diesen Erfolg aber innerlich mit „nochmals Glück gehabt" oder „Dieses Mal ist es halt mal gut gegangen, das nächste Mal wird es wieder in einer Katastrophe enden" bewerten, wird die Kontaktaufnahme ein Leben lang für Sie mit Anspannung verknüpft sein.

Sie müssen an der Wurzel des „Übels" ansetzen: an Ihren

negativen Einstellungen. In Teil II werden wir uns genauer mit den für Kontaktängstliche typischen negativen Einstellungen befassen. Wir werden Ihnen zeigen, wie Sie diese durch kontaktfördernde Einstellungen ersetzen können.

Unser Heimkino

Neben unseren Selbstgesprächen, die permanent innerlich ablaufen, haben wir quasi noch ein Heimkino in unserem Kopf. Wir malen uns in unserer Phantasie aus, wie schön der nächste Urlaub sein wird, verspüren bereits den warmen Sand unter unserem Körper, hören die Wellen rauschen oder riechen den Duft von Pinienwäldern. Wir können uns aber auch in die Vergangenheit zurückversetzen, in unseren letzten Urlaub, unsere Kindheit oder zum ersten Rendezvous mit unserer ersten großen Liebe.

Natürlich können wir uns auch an negative Erfahrungen in der Vergangenheit erinnern oder uns negative Phantasien über die Zukunft machen. Wir können uns immer wieder in Erinnerung rufen, mit welchen abwertenden Kommentaren unser Chef unseren Bericht niedergemacht hat, wie wir bei unserem Autounfall gegen die Nackenstütze gepreßt wurden, wie der Hausarzt uns einen schlimmen Befund mitteilte, etc.

Das Entscheidende dabei ist: Gleichgültig ob wir uns positive oder negative Erinnerungen und Zukunftsphantasien machen, wir werden uns so fühlen, als ob wir das Erlebnis tatsächlich durchleben, obwohl es nur in unserer Einbildung existiert. Wir werden die unserer Vorstellung entsprechenden schönen oder unangenehmen Gefühle und Körperreaktionen verspüren.

Dies hängt mit einer ganz charakteristischen Funktionsweise unseres Gehirns zusammen: Unser Gehirn kann nicht unterscheiden, ob wir uns etwas nur ausmalen oder ob es uns wirklich passiert. Es gibt die gleichen Signale an unseren Körper weiter, so als ob wir wirklich in dieser Situation wären.

Konkret heißt das: Die Erinnerung an Situationen, in denen wir uns geärgert haben, ruft Ärger in uns hervor, läßt unseren Adrenalinspiegel steigen und unsere Muskeln anspannen. Die Vorstellung, daß uns etwas passieren könnte - daß wir beispielsweise mit dem Flugzeug abstürzen - löst Angst in uns aus, führt zu Schweißausbrüchen, etc. und all das, obwohl wir vielleicht noch zuhause gemütlich auf dem Sofa sitzen.

„Was hat all das mit meinem Kontaktverhalten zu tun?", werden Sie uns nun vielleicht fragen wollen.

„Sehr viel", können wir nur antworten. Ihre Vorstellungskraft hat enorm große Auswirkungen auf Ihr Verhalten:

1. Sie haben durch diese Funktionsweise des Gehirns die Fähigkeit, sich ein unangenehmes Erlebnis aus der Vergangenheit immer wieder in Erinnerung zu rufen. Beispielsweise können Sie sich immer wieder in Erinnerung rufen, wie Sie beim Faschingsball von Ihrem Wunschpartner einen Korb bekamen. Dadurch geben Sie dem Ereignis mehr Bedeutung, als ihm zukommt. Sie können nichts mehr an dieser Erfahrung ändern, sondern fühlen sich deprimiert, obwohl der Faschingsball schon lange vorbei ist.

2. Sie haben die Befähigung, sich Katastrophen auszumalen, die gar nicht eintreffen werden. Durch Ihre Phantasien machen Sie sich möglicherweise jedoch so viel Angst, daß Sie erst gar nicht überprüfen, ob sie wirklich eintreten würden. Sie gehen vor lauter Angst erst gar kein Risiko ein. Beispielsweise könnten Sie sich vorstellen, wie Sie auf der Betriebsfeier allein am Ende einer langen Tafel sitzen, während alle Kollegen tanzen und ausgelassen sind. Sie könnten sich vorstellen, wie Ihre Kollegen auf Sie deuten und Sie als Spießer und Spielverderber, dem nur ein mildes Lächeln gebührt, beschreiben. Die Folge davon wäre wahrscheinlich, daß Sie überhaupt nicht hingehen oder zumindest große Angst verspüren würden.

3. Sie haben die Befähigung, sich einseitig auf die negativen Erlebnisse zu konzentrieren, und beeinflussen damit Ihre Sichtweise von der Welt. Die Welt und Ihre Mitmenschen erscheinen Ihnen mit der Zeit hierdurch immer gefährlicher und negativer. Wenn Sie Ihren Blick auf Ihre Mißerfolge und Fehler lenken, werden Sie außerdem Ihre Fehler überbewerten und Ihre Fähigkeiten unterschätzen.

Sie können Ihre Vorstellungskraft aber selbstverständlich auch zu Ihrer Unterstützung einsetzen:

1. Sie beobachten andere Menschen, die bereits so Kontakt aufnehmen können, wie Sie es auch gerne tun würden. Dann malen Sie sich immer wieder aus, daß Sie sich auch so verhalten. Dadurch beschleunigen Sie Ihren Lernprozeß.

2. Sie lenken Ihren Blick auf die Ereignisse, die Ihnen im Leben gelungen sind, und lassen sie vor Ihrem geistigen Auge ablaufen. Dadurch stärken Sie Ihr Selbstvertrauen.

3. Sie erinnern sich an unangenehme Erfahrungen und verändern sie in Ihrer Phantasie. Wie ein Regisseur lassen Sie das Drama mit einem positiven Schluß enden, d.h. Sie gestalten die Erfahrung um. Damit hat sie keine schädliche Wirkung mehr auf Sie.

In Teil II werden wir genauer auf den Einsatz von Vorstellungen zu sprechen kommen. Sie erfahren, wie Sie Ihre Vorstellungskraft einsetzen können, um leichter auf andere Menschen zugehen zu können.

Kapitel 5
Reden ohne Worte:
Die Sprache unseres Körpers

Wir kommunizieren nicht nur durch Worte, sondern auch mit unserem Körper. 85% der Kommunikation findet über nonverbale (nicht-sprachliche) Körpersignale statt. Die nonverbale Kommunikation läuft einerseits weitgehend unbewußt und unkontrolliert ab. Andererseits werden körperliche Signale von unserem Gesprächspartner viel schneller und instinktiver aufgenommen als sprachliche Signale. Er reagiert sowohl auf unsere Worte als auch auf unsere Körpersprache.

Shakespeare schrieb, daß alle Redner zwei Reden zugleich halten: Die eine hört, die andere sieht man. Es ist unmöglich, nichts mitzuteilen. Ob Sie nun lächeln oder ein unbewegtes Gesicht machen, jemanden anschauen oder zu Boden starren, Ihre Hand ausstrecken und jemanden berühren oder sich zurückhalten. Jedes Mal teilen Sie etwas mit, und die anderen werden Ihrem Verhalten eine bestimmte Bedeutung beimessen. Außerdem teilt Ihnen auch Ihr Gegenüber auf nichtsprachlicher Ebene etwas darüber mit, wie er zu Ihnen steht und sich fühlt.

In der Regel übermitteln nonverbale Signale nicht von sich aus Botschaften. Sie helfen, verbale Botschaften besser zu deuten. Normalerweise verraten Sie damit den anderen, mit welchen Gefühlen Sie verbale Botschaften mitteilen oder aufnehmen. Wenn zum Beispiel jemand stolpert und Sie zu ihm sagen: „Bist du aber ungeschickt", wird die Botschaft je nachdem, ob Sie lächeln oder die Stirn runzeln, ganz unterschiedlich ausfallen.

Im allgemeinen verrät Ihr Gesicht den anderen, was Sie fühlen, während Ihr Körper zeigt, wie stark Ihre Gefühle sind. Wenn Sie zum Beispiel sagen: „Würdest du bitte gehen", verrät Ihr Stirnrunzeln, daß Sie verärgert sind, während sich die Stärke Ihrer Verärgerung darin zeigt, daß Sie zur Tür weisen. Wenn Sie sagen: „Komm, wir treffen uns nächste Woche", zeigt Ihr Lächeln, daß Sie den anderen gern haben, ein begleitendes Schulterklopfen, wie sehr Sie das tun. Körpersprache und innere Einstellungen hängen eng zusammen. Wenn Ihnen das Essen Ihrer Gastgeberin nicht schmeckt, Sie Ihr aber beteuern, daß es großartig geschmeckt hat, wird sich in Ihrem Körper das Signal einschleichen - vielleicht im Tonfall, der Lautstärke oder im Stirnrunzeln -, daß es nicht geschmeckt hat.

Ihre Körpersprache kann Sie also entlarven, wenn Sie die Unwahrheit - sei es aus Angst oder Höflichkeit - sagen. Es gelingt uns nämlich meist nicht, all unsere Körpersignale zu beherrschen. Wir können es nicht vermeiden, uns mit dem Körper mitzuteilen.

Außer Schauspielern, Politikern und Stripteasetänzerinnen achten nur wenige Menschen auf die stillen Botschaften, die sie anderen übermitteln. Das ist bedauerlich, weil die meisten unbewußt nonverbale Botschaften übermitteln, die den gegenseitigen Austausch erschweren und ihren verbalen Botschaften eher widersprechen, als sie zu ergänzen. Und da man meint, nonverbales Verhalten sei nicht bewußt kontrollierbar, glaubt man fast immer der nonverbalen Botschaft, wenn sie dem verbalen Verhalten widerspricht.

Besonders zu Beginn, wenn wir Kontakt zu anderen bekommen wollen, spielen die nonverbalen Botschaften eine große Rolle. In unserem Beispiel der Toskana-Reise senden Frau N. und Frau P. beispielsweise ganz unterschiedliche nonverbale Botschaften aus. Zur Erinnerung:

Frau P.:
nimmt Blickkontakt auf
lächelt andere Reiseteilnehmer an
hat eine aufrechte Körperhaltung
nimmt eine lockere Sitzposition ein
geht auf andere zu
ihr Körper ist der Sitznachbarin zugewandt

Frau N.:
nimmt keinen Blickkontakt auf
die Mimik ist starr
hat eine angespannte Körperhaltung
ihr Körper ist der Sitznachbarin abgewandt
die Arme sind verschränkt
sie setzt sich in ihrem Stuhl zurück
wartet, daß andere auf sie zugehen

Es besteht eine Wechselwirkung zwischen den nonverbalen Botschaften, die wir absenden, und den Reaktionen unseres Gegenübers. Haben wir Angst, ein Mädchen anzulächeln, und schauen weg, kann dieses daraus den Schluß ziehen, abgelehnt zu werden oder uninteressant zu sein.

Deshalb ist es für uns wichtig, uns mit der Körpersprache zu befassen. Wir müssen wissen, wie wir mit unserem Körper und unserer nonverbalen Ausdrucksweise auf andere wirken können.

Wir können allerdings nicht sicher sein, ob der andere unsere Körpersprache auch so interpretiert. Wenn wir beispielsweise aus Angst den Blickkontakt meiden, kann dies unser Gegenüber als Arroganz und Überheblichkeit auslegen. Aber auch unsere Gesprächspartner kommunizieren nicht-sprachlich und wir reagieren mehr oder weniger bewußt darauf. Beobachten wir bei unserem Gesprächspartner ein Nasereiben, können wir nicht genau wissen, ob dies Nervosität oder ein Jucken ist.

Selbst wenn das Nasereiben Nervosität bedeutet, wissen wir nicht, weshalb unser Gegenüber nervös ist. Wir sollten deshalb eher auf die Kombination von Gesten als auf Einzelsignale achten.

Die Körpersprache unseres Gesprächspartners kann uns jedenfalls ein Warnsignal dafür sein, daß ein Gespräch für ihn nicht befriedigend verläuft, und eine Bestätigung, wenn er sich in unserer Nähe wohl fühlt.

Auch die nonverbale Kommunikation verlangt Fertigkeiten, die Sie verbessern können. Dieses Kapitel konzentriert sich auf folgende körpersprachliche Bereiche: persönlicher Bereich, Blickkontakt, Lächeln, Mimik, Körperhaltung, Gestik, Berührung, Stimme und äußere Erscheinung.

Sie können mit diesen nonverbalen Signalen andere anziehen oder abstoßen. Sie können damit Ihre verbalen Botschaften untermauern oder in Frage stellen. Es lohnt sich, wenn Sie sich Ihre typischen nonverbalen Signale zunächst bewußtmachen. Ganz besonders hilfreich hierfür sind Videoaufzeichnungen, Kassettenaufzeichnungen und Bilder. Falls Sie diese Techniken nicht zur Verfügung haben, genügt es auch, wenn Sie sich vor dem Spiegel betrachten oder sich in ausgesuchten Situationen ganz speziell auf ein Merkmal konzentrieren, bezüglich dessen Sie sich beobachten. Sie könnten sich beispielsweise vornehmen, in einem Gespräch auf Ihre Lautstärke zu achten oder darauf, wie Ihre Körperhaltung beim Essen in der Firmenkantine ist. Sicher werden Sie dabei nicht ununterbrochen Ihre Aufmerksamkeit auf Ihrer Körperhaltung belassen können. Es genügt schon, ab und zu wieder darauf zurückzukommen.

In Teil II werden wir uns damit befassen, wie Sie mit Ihrer Körpersprache Ihren Wunsch, Kontakt aufzunehmen und Gespräche zu führen, unterstreichen können.

Starr mich nicht so an: der Blickkontakt

Die Herstellung des Blickkontakts ist ein eindrucksvolles Zeichen des Respekts und der Aufmerksamkeit. Dadurch teilen wir unserem Gesprächspartner mit: „In diesem Augenblick interessieren Sie mich mehr als andere." Während des Gesprächs sehen wir unser Gegenüber im allgemeinen jeweils ein bis zehn Sekunden an, in der Regel länger, wenn wir zuhören, als wenn wir selbst reden.

Unsere Blicke sind abhängig von unserer Persönlichkeit, unserer momentanen Stimmung, unserer Beziehung zum Gegenüber und dem Gesprächsinhalt. Sie variieren in der Dauer des Blickkontakts, der Blickrichtung, der Öffnung der Augen, dem Blinzeln, der Pupillenerweiterung und dem Gesichtsausdruck.

Viele Menschen haben Angst, Blickkontakt mit anderen aufzunehmen. Sie befürchten, daß andere sie durchschauen, ihre Ängste und Schwächen erkennen. Manchmal befürchten sie auch, zu aufdringlich zu erscheinen. Doch das Gegenteil ist eher der Fall. Die anderen denken, wir hätten etwas zu verbergen, wenn wir sie nicht anschauen. In ihren Augen gelten wir als schüchtern und scheu. Lediglich wenn wir sie unbeweglich anstarren, erleben sie dies als unangenehm.

Mach nicht so ein ernstes Gesicht: was die Mimik verrät

Unser Gesichtsausdruck ist das aussagekräftigste aller Kommunikationsmittel. Wir alle haben eine für uns charakteristische Mimik und unsere Gefühle lassen sich mehr oder weniger gut in unserem Gesicht ablesen. Wut, Glück, Überraschung, Angst, Ekel, Verachtung, Traurigkeit und Interesse spiegeln sich meist in unserem Gesicht wider. Wir können den Mund öffnen oder schließen, die Nase rümpfen, die Augenbrauen hochziehen, die Stirn in Falten legen, die Pupillen verengen und natürlich lächeln.

Unser Gesichtsausdruck unterstützt und ergänzt unsere sprachlichen Botschaften. Da es in unserer Gesellschaft in vielen Situationen als erstrebenswert gilt, keine Gefühle zu zeigen, verschwindet das Gesicht häufig hinter einer Maske. Wir üben uns darin, unsere Gesichtszüge zu kontrollieren und cool zu sein. Völlig gelingt es uns in der Regel jedoch nie. Das Lächeln kann man hierbei am leichtesten als Schwindel entlarven: Zeigen sich in den Augenwinkeln keine Fältchen, ist das Lächeln aufgesetzt.

Gehen wir auf andere Menschen mit einem „Pokerface" zu, werden wir es schwer haben, sie zu einem Gespräch zu verführen. Sie fühlen sich von uns verunsichert, abgelehnt oder glauben, mit uns könne man keinen Spaß haben.

Erinnert uns das Gesicht unseres Gegenübers an einen Menschen, mit dem wir schlechte Erfahrungen gemacht haben, laufen wir Gefahr, ihm gegenüber negativ eingestellt zu sein. Umgekehrt kommen wir mit einem Menschen, der uns mit ausdrucksloser Mimik gegenübersteht, kaum wirkungsvoll in Kontakt oder müssen uns sehr dazu überreden.

Keep smiling: das Lächeln als Türöffner

Lächeln ist wahrscheinlich das allerwichtigste Mittel, Interesse zu bekunden und andere für sich zu gewinnen. Ein lächelnder Mensch wirkt attraktiver als ein mürrischer. 72 Muskeln sind bei einem Runzeln der Stirn beteiligt, aber nur 23, wenn wir lächeln - und ein Lächeln hat viel angenehmere Folgen.

Zwingen wir uns bewußt zum Lächeln, bewirkt dies sogar, daß wir uns selbst wohler fühlen. Nach ca. 20 Sekunden, in denen wir uns unecht fühlen, fühlen wir uns dann offener für neue Dinge und werden ruhiger. Auf andere wirkt ein

Lächeln, selbst wenn wir nur „so tun, als ob ..."

Ein Lächeln übermittelt unserem Gesprächspartner positive Botschaften wie zum Beispiel: „Ich mag' dich", „Ich bin gern mit dir zusammen" und „Du kannst dich in meiner Gesellschaft ganz unbefangen fühlen". Unser Gesprächspartner kann nicht sehen, was wir gerade denken. Wenn wir also nicht lächeln, glaubt er wahrscheinlich, daß wir kein Interesse an ihm haben oder einfach immer kalt und unnahbar sind.

Viele Menschen wissen gar nicht, wie sie aussehen, wenn sie lächeln, bzw. glauben zu lächeln, obwohl es ihre Umgebung nicht so wahrnimmt. Oder aber sie setzen ein unechtes Lächeln auf, hinter dem keinerlei freundliche Gefühle stehen.

Bleib mir vom Leib: das persönliche Revier

Der Raum ist nicht leer; er ist reich an Bedeutung und spielt bei der Gestaltung unserer Beziehungen eine wichtige Rolle. Wir betrachten unsere Wohnung und unser Haus als unseren privaten Bereich und möchten nicht, daß andere ihn ohne unsere Erlaubnis betreten. Wir führen auch ständig einen mobilen Privatbereich mit uns, in dem nur willkommen ist, wer uns „nahe" steht. Werden gewisse Zonen dieses Raums verletzt, fühlen wir uns bedroht.

Wenn wir unserem Gesprächspartner während der Unterhaltung näherkommen, signalisieren wir dadurch, daß wir entweder Streit suchen oder ihn näher kennenlernen möchten. Bleiben wir weiter weg oder weichen vor ihm zurück, „sagen" wir damit, daß wir uns der Gegenwart des anderen bewußt sind, ihn aber nicht wirklich kennenlernen möchten.

Fühlt sich jemand in unserer Nähe nicht wohl, so liegt das nicht unbedingt am Gesprächsthema, an unserem Atem oder unserer persönlichen Art. Vielleicht stehen oder sitzen wir einfach nur zu nahe bei ihm.

Unser Bedürfnis nach räumlicher Distanz hängt zum einen von unserer Stimmung ab. Wenn wir zum Beispiel verärgert sind oder unter Streß stehen, weitet sich der private Bereich aus, und eine Distanz, die zuvor angenehm war, erzeugt nun Angst. Zum anderen hängt die Größe unseres persönlichen Raums auch von unserem eigenen Sicherheitsbedürfnis ab. Menschen, die sehr unsicher und ängstlich sind, wählen generell größere Abstände. Sie leiden auch stärker darunter, wenn andere in ihr Revier eindringen.

In Situationen, in denen wir gezwungenermaßen nahe beieinander stehen müssen, wie z.b. in überfüllten Bussen, im Fahrstuhl oder in der Warteschlange, nehmen wir meist eine steife Körperhaltung ein, sitzen oder stehen gerade, um den Nachbarn nicht zu berühren. Wir vermeiden Blickkontakt und Gespräche, um unserem Gegenüber zu verdeutlichen, daß wir auf keinen Fall in seine private Sphäre eindringen wollen.

Wie unterscheiden sich kontaktängstliche und kontaktfreudige Menschen bei der Inanspruchnahme ihres persönlichen Raumes?

Kontaktängstliche Menschen begeben sich eher in den Hintergrund, in Ecken und bleiben auf Abstand. Sie benötigen einen größeren Abstand zu anderen, um sich sicher zu fühlen. Sie wollen nicht auffallen und wollen nicht zeigen, daß sie Angst haben. Von anderen kann diese größere räumliche Distanz als Ablehnung, Arroganz, Kälte, Mißtrauen oder Feindseligkeit ausgelegt werden.

Kontaktfreudige Menschen begeben sich eher in den Mittelpunkt des Raumes und auf Menschen zu. Wird die Nähe übertrieben, laufen sie Gefahr, als zudringlich, einnehmend, unsensibel und aggressiv eingestuft zu werden.

Haltung bewahren:
die Körperhaltung

Die Haltung unseres Körpers „sagt" anderen, wie kontaktwillig wir sind, und wie sehr wir an dem, was andere zu sagen haben, interessiert sind. Das distanzierte Verschränken der Arme und das Übereinanderschlagen oder Aneinanderpressen der Beine sind Abwehrhaltungen, die dem anderen zeigen können, daß wir verkrampft sind oder an einem Kontakt kein Interesse haben. Wenn wir einen Gegenstand wie etwa ein Glas vor uns halten, errichten wir ebenfalls eine symbolische Schranke vor uns. Wenn wir andererseits jedoch unsere Beine sehr fest aneinander pressen oder übereinanderschlagen, könnte die andere Person leicht zu dem Schluß kommen, wir seien sexuell interessiert.

Unverschränkte Arme und ein dem anderen zugewandtes Übereinanderschlagen oder leichtes Öffnen der Beine sind offene Haltungen, die andere am ehesten als Zeichen dafür deuten, daß wir entspannt sind und Kontakt wünschen.

Kontaktängstliche Menschen neigen dazu, eine der folgenden Körperhaltungen einzunehmen: Sie haben hochgezogene oder hängende Schultern, schieben den Kopf nach vorn, verschränken die Arme vor der Brust, treten von einem Fuß auf den anderen. Ihre Körperhaltung ist starr. Sie lehnen sich zurück oder deutlich zur Seite, Arm- und Beinhaltungen sind häufig asymmetrisch. Sie ducken sich und machen sich klein oder aber plustern sich auf.

Doch Vorsicht: Auch die Körperhaltung ist kein hundertprozentig sicherer Hinweis auf eine bestimmte Gefühlslage und auf ein geringes Selbstvertrauen unseres Gesprächspartners. Ein Mann, der die Arme verschränkt, friert vielleicht nur; eine Frau, die die Beine übereinanderschlägt, tut dies vielleicht nur aus reiner Gewohnheit.

Unsere Körperhaltung hat jedoch nicht nur eine Auswirkung auf unseren Gesprächspartner, sondern auch direkt auf unsere Gefühle. Das bedeutet, wir können unser Befinden schon allein dadurch ändern, daß wir eine andere Körperhaltung einnehmen. Wenn wir uns selbstsicher fühlen wollen, dann müssen wir die dazugehörige Körperhaltung einnehmen: Kopf hoch, aufrecht stehen, Schultern nach hinten, mit beiden Beinen fest auf dem Boden stehen.

Mit den Händen reden:
die Gestik

Jeder Mensch hat seine individuelle Gestik entwickelt. Es gibt Menschen, die eine weit ausladende lebendige Gestik haben und jedes Wort mit den Händen unterstreichen, während andere ihre Hände eher ruhig halten. Auch in der Verwendung der Gestik gibt es Unterschiede zwischen den Kulturen.

Die Gestik ist entwicklungsgeschichtlich die älteste Kommunikationsform. Gesten können das Gesprochene unterstreichen, ergänzen und ersetzen. Sie können auch dem Sinn des Gesprochenen widersprechen. Sie können den Grad unserer Erregung ausdrücken wie z.B. bei Wut. Gesten setzen wir ein, um uns abzureagieren und zu entspannen, aber auch um unsere Einstellung anderen Menschen gegenüber auszudrücken.

Ein Hinweis auf eine mögliche Unsicherheit können folgende Gesten sein:
sich an der Stuhllehne festhalten, sich die Hand vor den Mund halten, sich an der Nase reiben, sich am Kopf oder im Gesicht kratzen, unruhig mit den Fingern trommeln, sich am Ohrläppchen zupfen, oder durch das Haar streichen. Häufig kauen nervöse Menschen auch am Kugelschreiber, klammern sich am Glas oder an Zigaretten fest, stecken die Hände verkrampft in die Taschen oder zappeln unruhig mit Armen und Beinen umher. Diese Gesten dienen meist zum Abreagieren der Anspannung.

Sicherheit und Kontaktbereitschaft signalisieren wir durch

eine natürliche Gestik, durch eine Öffnung der verschränkten Arme und Handflächen, die nach oben gerichtet sind.

Rühr mich nicht an: Berührungen

Mit Hilfe von Berührungen können wir unsere Gefühle und unsere Einstellung zum Gegenüber ausdrücken. Wen, wann und wie lange wir berühren dürfen, wird von Gesellschaft zu Gesellschaft unterschiedlich geregelt. Südeuropäer, Araber und Afrikaner gehören zu den Gesellschaften, in denen viel Wert auf Berührung gelegt wird.

Wir lernen in unserer Kindheit, ob wir Berührungen genießen und weitergeben können oder eher auf Distanz bleiben. Mit einer Berührung sagen wir wortlos: „Du bedeutest mir viel" oder: „Ich mag dich". Oft drückt eine Berührung Gefühle aus, die sich mit Worten allein nicht mitteilen lassen. Zwei wichtige Bereiche sind das Händeschütteln und das Umarmen.

Unser Händedruck teilt anderen mit, welche Gefühle wir ihnen und uns selbst entgegenbringen. Im allgemeinen glaubt man, ein weicher Händedruck signalisiere persönliche Schwäche und/oder mangelndes Interesse für die andere Person, ein fester Händedruck größere persönliche Überzeugungskraft und weit mehr Herzlichkeit und Zuneigung. Beim ersten Kontakt ist der Händedruck ganz besonders wichtig. Ein schlaffer Griff wird meist mit Gleichgültigkeit in Verbindung gebracht. Unsichere Menschen versuchen ihr Unsicherheit häufig durch einen zu festen Händedruck zu überspielen.

Sehr deutlich können wir durch Berührung unsere Zuneigung zeigen, wenn wir unser Gegenüber umarmen. Viele Menschen schaffen es jedoch nicht, jemanden zu umarmen, weil sie fürchten, daß sie mit weit geöffneten Armen dastehen und die andere Person nicht darauf reagiert. Oder aber sie haben

Angst, der andere könnte die Umarmung mißverstehen und als sexuelles Interesse deuten.

Der Ton macht die Musik:
Merkmale des Sprechens

Unsere Stimme variiert im Tonfall, in der Sprechgeschwindigkeit, der Lautstärke und deutlichen Aussprache. Wir können mit diesen Merkmalen des Sprechens unsere sprachlichen Inhalte ergänzen, aber auch Informationen über unsere Gefühle und Einstellungen geben. Außerdem machen wir während unseres Sprechens Pausen.

Die Wirkung unserer sprachlichen Botschaften auf unser Gegenüber wird stark von unserem Tonfall beeinflußt. Mit ihm sagen wir etwas über unsere Gefühle. Der Tonfall kann barsch, freundlich, entschuldigend, tadelnd, mahnend, unsicher, vorwurfsvoll, befehlend, usw. sein. Wie unsere Botschaften bei unserem Gesprächspartner ankommen, hängt zum einen davon ab, in welchem Ton wir unsere Formulierungen äußern, zum anderen aber auch davon, wie er sie auffaßt.

Merkmale des Sprechens, die eine Unterhaltung erschweren können:

a) Sprechhöhe:
Die Stimme klingt piesig-hoch, gepreßt, dumpf-tief, monoton, leiernd, sehr leise oder sehr laut.

b) Sprechtempo:
Es wird sehr langsam, stockend, mit vielen Pausen und nach Worten suchend, sehr schnell oder mit Tempowechsel gesprochen.

c) Sprechdeutlichkeit:
Es wird nuschelnd, Endsilben verschluckend, schleppend, mit starkem Dialekt oder überdeutlich und affektiert gesprochen.

Für unseren Gesprächspartner kann es dann anstrengend sein, der Unterhaltung zu folgen, und er zieht sich zurück.

Kleider machen Leute:
die äußere Erscheinung

Die äußere Erscheinung ist für die Kontaktaufnahme nicht unwichtig, denn unsere Umwelt zieht schon aus unserer äußeren Erscheinung Schlußfolgerungen über uns. Vorurteile und Vorerfahrungen unseres Gesprächspartners spielen hierbei eine Rolle. Er fällt blitzschnell ein Urteil über unsere Intelligenz, das Einkommen, unseren Charakter, die politische Einstellung, den finanziellen Status. Wir können uns also durch unsere Kleidung den Einstieg erschweren oder erleichtern. Mit unserer Kleidung können wir uns von anderen abheben oder eine Übereinstimmung ausdrücken. Haben wir den Eindruck, „falsch" gekleidet zu sein, kann dies unser Verhalten und die gesamte Unterhaltung beeinträchtigen. Das gleiche gilt auch, wenn wir zufällig auf der gleichen Veranstaltung die gleiche Kleidung wie eine andere Person tragen.

Unsere Kleidung können wir so auswählen, daß sie sich nur nach der Mode richtet, unauffällig ist oder aber den persönlichen Geschmack miteinbezieht. Sie kann unsere positiven Attribute unterstreichen und auf uns aufmerksam machen. Unsere Kleidung kann aber auch bei unserer Umwelt Abwehr auslösen, wenn wir deren Meinung nach zu „vulgär", „aggressiv", zu „alternativ" oder unpassend gekleidet sind. Modeströmungen und Normen bestimmen, wie eine passende Kleidung aussieht. Es gibt unsichtbare Vorschriften, was man als junger und alter Mensch, was zu einer Beerdigung, zu einem gesellschaftlichen Ereignis, einem Vorstellungsgespräch etc. anzieht. Das Alter, die Situation, die Schichtzugehörigkeit, die Zugehörigkeit zu einer bestimmten Gruppe, der Beruf, die körperliche Statur - das sind Kriterien, die in die Kleidungswahl mithineinspielen. Entscheidend ist letztlich dann die persönliche Einstellung: Will ich mich den Normen anpassen oder traue ich mich, einen eigenen Geschmack zu haben und, in welchem Ausmaß? Riskiere ich es, aufzufallen?

Attraktive Menschen werden im allgemeinen als intelligenter, kontaktfreudiger, interessanter und leistungswilliger angesehen. Mit Accessoires, einer Brille und Schmuck teilen wir ebenfalls etwas über uns mit, was - je nach Situation und Einschätzung des Gegenübers - Interesse, Desinteresse oder Ablehnung hervorruft.

Die Körpersignale unseres Gegenübers

Ebenso wie unser Gesprächspartner uns schon vor Gesprächsbeginn taxiert, ordnen wir ihn nach seiner äußeren Erscheinung und seinem nonverbalen Verhalten ein. Wir stecken ihn in eine „Schublade" und versehen ihn mit einem Etikett. Unsere Schlußfolgerungen, die wir aus seiner Körpersprache ziehen, sind nicht immer richtig. Sie beeinflussen jedoch unser Kontaktverhalten. Wenn wir den anderen für arrogant, oberflächlich, für einen Blender oder Klugscheißer halten, dann werden wir ihm kaum eine Chance geben, unser Urteil richtigzustellen. Wir sprechen ihn erst gar nicht an. Andererseits, nehmen wir an dem anderen überhaupt nichts Besonderes wahr, macht er auf uns einen unscheinbaren Eindruck, halten wir ihn möglicherweise für einen Langweiler, der uns nichts zu bieten hat. Dann gehen wir auch nicht auf ihn zu.

Vorannahmen, die sich nur auf die äußere Erscheinung und die Körpersprache beziehen, entsprechen häufig nicht den Tatsachen: Der Arrogante entpuppt sich als einfühlsamer Gesprächspartner, der Langweiler als interessanter Unterhalter - wenn man ihm die Chance gibt.

Deshalb ist es sinnvoll, uns unsere Vorurteile und Vorentscheidungen bewußtzumachen und sie auch zu überprüfen. Wenn wir einmal mit einem Menschen mit Goldkettchen schlechte Erfahrungen gemacht haben, kann sich unser heutiger Gesprächspartner ganz anders verhalten. Während der Unterhaltung teilt uns unser Gesprächspartner ebenfalls durch seine nonverbalen Signale etwas über seine Gefühle, seine Einstellungen und seine Beziehung zu uns mit. Auch hier müssen wir lernen, bewußt auf diese Signale zu achten.

Kapitel 6
Übung macht den Meister:
Der Prozeß des Umlernens

Als kleine Kinder sind wir noch weitgehend unbeschriebene Blätter. Wir besitzen nur ein paar angeborene Reaktionsmuster. So sind z.B. Schreckreaktionen wie die Angst vor lauten Geräuschen und Blitzen, vor Schmerz und plötzlicher Hilflosigkeit, vor Stürzen und dem Herunterfallen angeboren. Im Laufe unserer Kindheit bilden sich dann noch einige Ängste heraus wie etwa die Angst vor Fremden, vor Tieren, vor der Dunkelheit, dem Alleinsein, die wir jedoch meist wieder verlernen. Wann immer wir Verhaltensweisen, die wir uns einmal angewöhnt haben, wieder verlernen, durchlaufen wir 5 Phasen. Es sind die 5 Phasen des Umlernens. Wir möchten Sie jetzt mit diesen vertrautmachen, da Sie sie auch durchlaufen werden, wenn Sie sich dazu entscheiden, mehr auf andere Menschen zuzugehen.

Die 5 Phasen des Umlernens

1. Theoretische Einsicht
2. Übung
3. Widerspruch zwischen Kopf und Bauch
4. Übereinstimmung von Kopf und Bauch
5. Neue Gewohnheit

Schauen wir uns die Phasen einmal etwas genauer an: Nehmen wir einmal an, Sie haben bisher immer Kontakte vermieden, weil Sie befürchteten, abgelehnt zu werden, und glaubten, dies nicht ertragen zu können. Da Sie unter Ihrer Einsamkeit leiden, wollen Sie jetzt die Angst vor Kontakten überwinden. Sie müssen hierzu den folgenden Prozeß durchlaufen.

1. Theoretische Einsicht

Sie haben sich Ihre alten blockierenden Gedankenmuster (im ABC der Gefühle: Ihre B's) bewußtgemacht und haben sich ein neues angemesseneres Selbstgespräch zurechtgelegt. Es lautet z.b.: „Ich spreche den anderen an und dann werde ich sehen, was passiert. Das Schlimmste, was passieren kann, ist, daß er sich nicht mit mir unterhalten will und schlecht von mir denkt. Falls dies wirklich passieren sollte, kann ich damit umgehen. Er ist lediglich ein Mensch, der sich jetzt zu diesem Zeitpunkt nicht mit mir unterhalten will. Das kann viele unterschiedliche Ursachen haben, die überhaupt nichts mit mir zu tun haben. Ich biete ihm mein Interesse an. Ich weiß, daß ich viele positive Eigenschaften habe, die er gar nicht kennt. Deshalb kann er - wenn überhaupt - auch nur einen kleinen Teil von mir ablehnen, den Teil nämlich, den er kennt. Ich kann nicht jedem sympathisch sein. Ebensowenig finde ich alle sympathisch".

2. Übung

Sie verhalten sich entsprechend Ihrer neuen Einstellung und sprechen andere Menschen an.

3. Widerspruch zwischen Kopf und Bauch

Bereits wenn Sie sich vornehmen, einen anderen anzusprechen, und auch dann, wenn Sie ihn ansprechen, verspüren Sie Ihre altbekannte Angst. Sie haben den Eindruck, sich mit Ihrem neuen Gedankenprogramm etwas in die Tasche zu lügen. Sie fühlen sich wie ein Schauspieler, der nicht von seiner Rolle überzeugt ist.

4. Übereinstimmung von Kopf und Bauch

Wenn Sie sich dennoch nicht beirren lassen, weiter Ihre neuen Gedanken trainieren und auf andere zugehen, wird die Angst allmählich abnehmen. Ihre Gefühle werden stimmig und passend zu Ihrem neuen Gedankenprogramm werden.

5. Neue Gewohnheit

An dieser Stelle angelangt haben Sie es geschafft. Ihr neues Kontaktverhalten und Ihr neues Gedankenprogramm sind Ihnen in Fleisch und Blut übergegangen. Sie spüren vielleicht manchmal noch ein kleines Kribbeln oder leichtes Unwohlsein, da Sie ja immer noch nicht wissen, wie neue Menschen auf Sie reagieren werden. Doch Sie können gut damit umgehen, wenn der andere nicht auf Ihr Gespräch einsteigt. Sie beziehen es nicht auf Ihre Person und gehen auf den nächsten möglichen Ansprechpartner zu.

Bereits als Kinder haben wir Ängste verspürt, den Umlernprozeß durchlaufen und die Ängste überwunden. Wir haben beispielsweise dazu von unseren Eltern die folgenden Aufforderungen gehört: „Der Hund macht dir doch nichts. Geh ruhig dran vorbei", „Du kannst auch schlafen, wenn das Licht aus ist", „Du bist schon ein großes Kind und kannst allein zuhause bleiben", „Augen zu und Sprung. Du schaffst es, vom Ein-Meter-Brett zu springen". Die Eltern haben uns ermutigt und uns veranlaßt, uns der Angst zu stellen. Sie haben uns neue realistischere Bewertungen vorgegeben und uns mehr oder weniger sanft dazu gezwungen, ein neues Verhalten einzuüben.

Als Erwachsene müssen wir diese beiden Aufgaben selbst erfüllen. Wir müssen uns Mut zusprechen, realistische Gedanken eingeben und uns dazu anhalten, zunächst mit der Angst in die Situation zu gehen.

Leider ist die Funktionsweise unseres Körpers so, daß wir zuerst anders denken und uns verhalten müssen, bevor unsere Gefühle folgen. Wir müssen uns für eine bestimmte Zeit weigern, unseren alten Angstgefühlen zu folgen - nämlich für die Zeit des Umlernens. Unsere Gefühle und Körperreaktionen verändern sich als letztes. Wenn wir den Umlernprozeß ganz durchlaufen, werden wir an den Punkt gelangen, daß Gedanken und Gefühle wieder übereinstimmen: Wir sagen uns, daß die Situation ungefährlich ist, und fühlen uns ruhig.

Da viele Menschen nicht über die Funktionsweise des Gehirns und den Verlauf des Umlernens Bescheid wissen, werfen sie schnell die Flinte ins Korn. Wenn die Angst vor Kontakten sie am Anfang noch begleitet, denken sie, sie seien ein besonders schwieriger Fall oder bei ihnen klappe die Therapie halt nicht.

Also nochmals zur Erinnerung: Anfangs werden Sie Ihre Angstgefühle beim ersten Schritt auf den anderen zu begleiten. Doch sie werden abnehmen. Mit der Zeit wird es Ihnen zunehmend leichter fallen und irgendwann werden Sie sogar Freude daran finden können, neue Menschen kennenzulernen.

Woran werden Sie Ihren Fortschritt bemerken?

Viele Menschen werden sehr schnell mutlos und geben ihre Bemühungen auf, sich zu verändern. Dies hängt auch damit zusammen, daß sie sich ein unrealistisches Ziel setzen und zu ungeduldig mit sich sind.

Ihren Fortschritt auf dem Weg zu mehr positiv verlaufenden Kontakten mit anderen Menschen können Sie daran erkennen,
- daß Sie wissen, weshalb Sie sich ängstlich fühlen, und Ihre Angst für den Augenblick akzeptieren.
- daß Sie mit Angst in eine Situation gehen, die Sie bisher vermieden haben.
- daß Sie länger in einer Situation bleiben, als Sie bisher geblieben sind.
- daß Sie weniger Angst in einer Situation verspüren, als

Sie bisher verspürt haben.

- daß Sie die neuen Gesprächstechniken einsetzen, die Sie in Teil III kennenlernen werden.
- daß Sie die Körpersprache zur Unterstützung Ihres Wunsches nach Kontakt und während des Gesprächs einsetzen.
- daß Sie anderen Menschen gegenüber nicht mehr so viele Vorurteile haben.
- daß Sie sich nicht mehr für Schwächen verurteilen.
- daß Sie die Verhaltensweisen Ihres Gegenübers nicht mehr als Ablehnung Ihrer Person bewerten.
- daß Sie akzeptieren können, wenn ein anderer keinen Kontakt haben möchte.
- daß Sie mit mehr Selbstbewußtsein in die Situation gehen.
- daß Sie Spaß an neuen Menschen haben und den Kontakt genießen.
- daß Sie, wann immer Sie möchten, spontan Kontakt anknüpfen können.

Sie haben bemerkt, daß wir die Fortschritte in einer bestimmten Reihenfolge aufgelistet haben. Spaß und Genuß werden Sie erst nach einiger Zeit der Übung haben. Doch gibt es keinen Zweifel: Sie können und werden sie haben, wenn Sie am Ball bleiben und an sich arbeiten.

Kapitel 7
Die ersten Schritte:
Motivierung und Zielformulierung

Motivierung:
sich einen Energieschub holen

Wir alle kennen Situationen, in denen wir uns voller Energie und Tatendrang fühlen. Zwei Motive sind es, die diese Energien in uns wachrufen:

- die Hoffnung auf etwas Positives
- die Vermeidung von etwas Negativem.

Diese beiden Motive wollen wir uns zunutze machen, bevor wir die Kontaktfähigkeiten aktiv trainieren. Sie erinnern sich an die Waagschalen aus Kapitel 3? In der einen Waagschale liegt der Nutzen Ihrer Kontaktangst, in der anderen liegen die Kosten, das, was Sie durch Ihre Angst verlieren.

Im Augenblick sehen Sie noch mehr Nachteile als Vorteile darin, Ihre Kontaktangst aufzugeben. Doch können Sie ganz bewußt und aktiv daran gehen, die Vorteile einer Veränderung und die Nachteile der Nichtveränderung zu verstärken. Je stärker Sie verspüren, wie Ihre Kontaktangst Sie leiden läßt, und je stärker Sie verspüren, was Sie ohne Kontaktangst alles Positive erleben können, desto mehr Kraft und Energie zur Veränderung werden Sie haben.

Beginnen wir also mit den Nachteilen. Füllen wir diese Waagschale weiter an: Atmen Sie tief ein und langsam wieder aus. Schließen Sie Ihre Augen. Dann stellen Sie sich vor, wie viele Nachteile Sie durch Ihre Kontaktangst bisher gehabt haben. Was ist Ihnen bisher durch Ihre Kontaktangst entgangen?

- Wie hat sich Ihre Kontaktangst auf Bekanntschaften, Freundschaften und Ihre Partnerschaft ausgewirkt? Sind Ihnen Freundschaften entgangen? Haben Sie bisher keinen Partner gefunden? Wie viele Komplimente haben Sie nicht ausgesprochen, wie vielen Menschen Ihre Sympathie nicht gezeigt, wie viele anregende Unterhaltungen nicht geführt?
- Welche Nachteile hat Ihnen Ihre Kontaktangst finanziell gebracht? Konnten Sie wegen der Kontaktangst nicht den Beruf wählen, die Beförderung wahrnehmen, die Sie sich wünschten? Sind Ihnen Geschäftskontakte entgangen, weil Sie Geschäftsessen und Veranstaltungen mieden? Sind Ihnen wichtige Informationen entgangen, weil Sie sich nicht getrauten, nachzufragen?
- Wie hat sich Ihre Kontaktangst auf Ihr Selbstwertgefühl ausgewirkt? Hat sie Ihr Selbstvertrauen gestärkt oder geschwächt? Wie oft haben Sie sich dafür verurteilt, so schüchtern zu sein? Wie oft haben Sie sich deprimiert und minderwertig gefühlt, weil Sie keine Unterhaltung führen konnten?
- Wie hat sich Ihre Kontaktangst auf die Erziehung Ihrer Kinder ausgewirkt? Was konnten Sie Ihren Kindern nicht vorleben und weitergeben?
- Welche Hobbies und Interessen haben Sie nicht verfolgt, weil die Kontaktangst Sie daran hinderte?
- Wie häufig konnten Sie nicht spontan sein, mit anderen lachen, tanzen und gemeinsam etwas unternehmen, weil Sie Ihre Angst behinderte? Spüren Sie nach, wie traurig, enttäuscht oder auch wütend Sie werden, wenn Sie sich diese Verluste vor Augen führen.

Nun malen Sie sich aus, welche Nachteile Ihnen Ihre Kontaktangst in den nächsten 5 Jahren bringen wird, wenn Sie sich nicht ändern. Was wird Ihnen entgehen an Spaß, an Lebensfreude, an beruflichen und privaten Erfolgen, an Kontakten? Stellen Sie sich so lebendig wie nur möglich vor, wie eingegrenzt Ihr Leben verlaufen wird. Was werden Sie in Ihrem Leben vermissen? Wie einsam werden Sie sich fühlen?

Jetzt machen Sie einen Zeitsprung von 10 Jahren. Wie sieht Ihr Leben in 10 Jahren aus, wenn Sie Ihre Kontaktangst weiterhin behalten? Welche Ihrer Lebensziele werden Sie nicht erfüllt haben? Wie enttäuscht werden Sie dann von Ihrem Leben sein? Was werden Sie alles nicht getan haben, weil Sie Ihre Kontaktangst behinderte? In welchen Bereichen wird Sie Ihre Kontaktangst blockieren? In bezug auf Ihre Partnerschaft, Ihren Bekanntenkreis, Ihre Karriere, Ihre Interessen? Schauen Sie sich genau an, welchen Preis Sie für Ihre Kontaktangst bezahlen. Ist es das wert?

Wenn Sie sich entscheiden, Ihre Kontaktangst beizubehalten, werden Sie dieses Schicksal haben, wird Ihr Leben in diesen Bahnen verlaufen.
Doch Sie haben Wahlmöglichkeiten. Sie können Ihre Kontaktangst überwinden. Nichts von all dem, was Sie sich für die Zukunft ausgemalt haben, muß Ihnen passieren.

Kommen Sie nun in das Hier und Heute zurück. Öffnen Sie die Augen, strecken Sie sich und nehmen Sie einen tiefen Atemzug. Sie haben sich ein Schreckensszenarium vor Augen geführt und damit Ihren Wunsch, Unangenehmes zu meiden, gestärkt.

Jetzt müssen wir noch die zweite Waagschale mit Vorteilen anfüllen und damit ihr Gewicht verstärken: Nehmen Sie hierzu eine aufrechte Körperhaltung ein. Setzen Sie sich in der Art und Weise hin, wie Sie sich setzen, wenn Sie einen Erfolg zu verbuchen haben. Schließen Sie Ihre Augen. Atmen Sie tief ein und langsam wieder aus. Stellen Sie sich nun vor, daß Sie bereits 5 Jahre ohne Ihre Kontaktangst gelebt haben. Was werden Sie gewonnen haben? Wo werden Sie stehen? Wie viele neue Kontakte und Freundschaften werden Sie geknüpft haben? Welche Ihrer bisher ungenutzten Interessen werden Sie verfolgt haben? Wie wird sich Ihr Selbstbewußtsein gestärkt fühlen? Wo werden Sie beruflich stehen, wenn Sie Einladungen annehmen, sich mit den Kollegen austauschen und Fortbildungsseminare besuchen? Welche Anregungen werden Sie Ihren Kindern geben und vorleben können? Wie wird sich Ihre Kontaktfreudigkeit auf Ihre Finanzen ausgewirkt haben? Wie werden Sie sich seelisch und körperlich fühlen? Voller Energie, lebendig, dazugehörig? Nun malen Sie sich aus, wie Ihr Leben 10 Jahre von jetzt an aussehen wird, wenn Sie ungezwungen auf andere zugehen können. Wie fühlen Sie sich, 10 Jahre voller Kontaktfreude gelebt zu haben? Wie viel mehr Freude, Spaß und Spontaneität haben Sie im Leben. Spüren Sie, wie gut es sich anfühlt, so zu leben. Malen Sie sich aus, wie Sie sich genauso verhalten, wie Sie es sich immer gewünscht haben. Spüren Sie, welch anderes Lebensgefühl Sie dann haben werden. Sie fühlen sich frei, können offen auf andere Menschen zugehen, ohne Angst verreisen, voll freudiger Erregung auf Feste und Veranstaltungen gehen, sympathische Menschen ansprechen.

Kommen Sie nun in das Hier und Heute zurück. Entscheiden Sie jetzt: Wie wollen Sie in der Zukunft weiterleben - kontaktfreudig oder kontaktängstlich? Welchen Weg wollen Sie einschlagen? Nutzen Sie Ihre Energie, um dem positiven Ziel zuzustreben.

Zielformulierung: die Kräfte richtig einsetzen

Nun sind wir fast am Ende des ersten Teils angekommen. Bevor wir uns an den praktischen Teil machen, sollten wir uns noch über Ihre Ziele unterhalten.

Wir wissen nicht, mit welchem Ziel Sie sich dieses Buch ausgewählt haben. Vielleicht suchen Sie mehr Bekanntschaften, Freundschaft, Glück, die große Liebe. Oder vielleicht sehnen Sie sich einfach nach etwas, das Sie nicht genau beschreiben können. Wie erreichen Sie solche Ziele?

Wo z.B. wenden Sie sich hin, um Glück zu finden? Mit wem sprechen Sie? Was sagen Sie zu neuen Gesprächspartnern? Wenn die Ziele so verschwommen sind, ist es schwer zu wissen, was man tun soll. Und da Sie kein klares Ziel vor Augen haben, können Sie nicht sagen, wie Sie vorankommen. Und Sie können sich nicht korrigieren, wenn Sie vom Kurs abkommen. So viele Wege - oder überhaupt keiner - sehen vielversprechend aus, und so rätseln Sie herum und zögern. Vielleicht am schwierigsten ist es, daß Sie bei der Verfolgung unklarer oder unrealistischer Ziele nie jenes Gefühl des Erfolgs haben, das entsteht, wenn man eine Aufgabe erfüllt hat. Um diese Schwierigkeiten zu umgehen, sollten Sie sich jetzt Zeit nehmen, um Ihre Ziele festzulegen.

1. Überlegen Sie sich, woran Ihre Kontaktaufnahme bisher gescheitert ist. Welche Aspekte Ihres Denkens und welche Verhaltensweisen möchten Sie gerne verändern? Was benötigen Sie, um für andere als Gesprächspartner attraktiv zu sein? Notieren Sie sich in Ihrem Tagebuch, woran Sie arbeiten möchten:

z.B. Ich möchte lernen,
 − aktiv zuzuhören
 − Blickkontakt aufzunehmen
 − zu lächeln
 − mich selbstsicher zu fühlen.

Wenn alle angesprochenen Punkte dieses Buches für Sie wichtig sind, dann brauchen Sie nichts auszuwählen, sondern können ein Kapitel nach dem anderen durcharbeiten. Ihr jeweiliges Ziel ist dann das Thema des jeweiligen Kapitels. Z.B.: „Ich möchte Blickkontakt aufnehmen und führe die Übungen aus Kapitel 10 durch. Oder: „Ich möchte das Gespräch beleben und stelle offene Fragen", wie es in Kapitel 14 beschrieben ist.

2. Bringen Sie Ihre Ziele dann in eine Reihenfolge. Womit möchten Sie beginnen? Was soll danach folgen? usw. Beginnen Sie mit der Verhaltensweise, die Ihnen am

leichtesten fällt. Wichtig ist, daß Sie sich immer nur einen Aspekt vornehmen.

3. Nun nehmen Sie sich den ersten Veränderungswunsch vor und formulieren so präzise und konkret wie möglich:

a) Was genau möchte ich verändern? Wie soll das neue Verhalten aussehen?
b) Wie häufig möchte ich das neue Verhalten üben?
c) Wann genau möchte ich es üben?
d) In welcher Situation möchte ich es üben?

Um die Verhaltensweisen möglichst genau zu formulieren, können Sie sich das jeweilige Kapitel nochmals durchlesen und Anregungen holen.

Beispielsweise können Sie sich, wenn Sie Ihr Selbstvertrauen stärken möchten, an den 10 Schritten aus Kapitel 9 orientieren. Wenn Sie trainieren möchten, ein Gespräch anzuknüpfen, könnte Ihr konkretes Ziel so aussehen:
Ich möchte heute abend auf das Jazz-Festival gehen. Dort möchte ich drei fremde Menschen ansprechen, indem ich entweder auf die Situation, auf die andere Person oder auf mich Bezug nehme - wie es in Kap. 13 vorgeschlagen wird. Vor dem Weggehen werde ich mich vorbereiten, indem ich eine positive Vorstellungsübung mache.

Ein konkretes Ziel sollte immer
- positiv formuliert sein, d.h. Sie beschreiben, was Sie genau tun werden.
- nachprüfbar sein, d.h. eine andere Person, die Sie beobachtet, kann erkennen, wenn Sie Ihr Ziel erreicht haben.
- ein einzelnes Verhalten beschreiben, das nicht mit anderen Verhaltensweisen verwechselt werden kann.
- meßbar sein, d.h. Sie legen fest, wie häufig oder wie lange Sie es zeigen werden.
- allein von Ihrem Handeln abhängig sein. Wenn Sie z.B.

die Absicht haben, Ihre Nachbarn zu einer Grillparty einzuladen, und es dann tun, dann haben Sie Ihr Ziel erreicht, egal ob diese ja oder nein sagen.

Eine einfache und hilfreiche Methode der konkreten Zielsetzung ist die, sich jede Woche wenigstens ein Ziel vorzunehmen und daran zu arbeiten. Wenn Sie sich Ihr Ziel für die Woche vornehmen, ist es oft günstig, genau den Zeitpunkt festzulegen, an dem Sie es realisieren wollen, und sich vor Augen zu führen, daß Sie es ernst meinen, indem Sie das Ziel unter dem entsprechenden Datum in einen Kalender eintragen.

Nehmen wir zum Beispiel an, Sie beschließen: „Am Dienstag werde ich Herrn K. einladen, mit mir am nächsten Wochenende ins Konzert zu gehen". Mit diesem Ziel vor Augen werden Sie am Dienstagmorgen nach dem Aufwachen darauf aus sein, etwas zu tun. Sie machen es sich zur Aufgabe, Herrn K. im Lauf des Tages entweder zu treffen oder anzurufen. Sie sind sicher, daß Sie vor dem Ende des Gesprächs Ihre Einladung vorbringen werden. Und selbst wenn Sie es nicht tun, sind Sie nicht schlechter dran. Zumindest wissen Sie dann, daß Sie keine Fortschritte gemacht haben, und können sich vornehmen, es am Mittwoch besser zu machen.

Die Setzung von Zielen kann nicht nur die Anwendung der Kommunikationstechniken verbessern, sie kann auch Ihre Lebensauffassung verändern. Wenn Sie sich z.B. das Ziel setzen, jeden Tag drei Komplimente zu machen, sollten Sie, statt nach Dingen Ausschau zu halten, über die Sie meckern können, auf Verhaltensweisen, Eigenschaften und äußere Eindrücke achten, die Sie loben können. Sie werden ein Experte im Finden von Komplimenten werden und wahrscheinlich selbst überrascht sein, wie viele positive Merkmale Sie entdecken werden. Die Menschen, denen Sie begegnen, werden Ihre Gegenwart überaus angenehm finden und sich bemühen, Ihnen zu gefallen. So können Sie mit wenig Anstrengung Ihren Teufelskreis durch einen erfreulichen und fruchtbaren ersetzen.

Indem Sie für sich festlegen, wie häufig Sie eine Verhaltensweise erproben wollen, können Sie genau sehen, wie Sie vorankommen.

Für diejenigen unter Ihnen, die Schwierigkeiten damit haben, sich Übungssituationen auszudenken und lieber nach einem vorgeschriebenen Programm arbeiten, haben wir im Anhang, Teil A Übungssituationen zusammengestellt. Sie können sie alle der Reihe nach trainieren oder sich auch die auf Sie zutreffenden auswählen. Sie müssen nur noch den Termin und die Häufigkeit festlegen.

4. Notieren Sie sich die Erfahrungen in Ihrem Tagebuch. Beantworten Sie die Fragen:
 • In welche Situation bin ich gegangen?
 • Welche hilfreichen Gedanken hatte ich?
 • Welches Verhalten habe ich neu ausprobiert oder geübt?
 • Wie habe ich mich gefühlt?
 • Was möchte ich in der Zukunft noch anders machen?
 • Was war besonders hilfreich für mich?

5. Belohnen Sie sich.
Wenn Sie möchten, können Sie sich für die Durchführung einer Übung belohnen. Dies wird den Erfolg umso wünschenswerter machen und sicherstellen, daß jedes neue Verhalten verstärkt wird, selbst wenn andere es zunächst nicht merken oder zu schätzen wissen.

Ihre Belohnung muß etwas sein, daß Sie sich wirklich wünschen: etwas zum Anziehen, ein Buch oder eine CD, ein ergänzendes Teil zur Sportausrüstung, gutes Essen, eine lange Wanderung, eine Fahrt durch ein landschaftlich reizvolles Gebiet, einen Stadtbummel, einen Kinobesuch, einen Blumenstrauß.

Nachdem Sie Ihr Ziel erreicht haben, sollten Sie sich sogleich und großzügig belohnen. Sind Sie geizig oder schenken sich nichts, dann nehmen Sie Ihre künftigen Versprechungen nicht sehr ernst.

Wann immer Sie sich selbst belohnen, sollten Sie noch einen Schritt weitergehen und sich loben, daß Sie Ihr Ziel erreicht haben. Dies ist sehr wichtig, wenn Sie selbstsicherer und kontaktfreudiger werden wollen. Eine Untersuchung fand heraus, daß selbstbewußte Menschen sich selbst häufig Komplimente machen, während Menschen ohne Selbstvertrauen sich oft demütigen. Die Ergebnisse waren schlüssig und überzeugend: Typischerweise kritisierte sich keine einzige selbstbewußte Person aus der Stichprobe, und keine einzige selbstunsichere Person lobte sich.

Wenn Sie also Ihre Ziele erreichen oder wann immer sonst Sie etwas tun, was Sie mögen, dann sollten Sie es sich zur Gewohnheit machen, sich selber zu sagen, wie erfreut Sie darüber sind:

„Du hast's geschafft!"
„Gratuliere!"
„Ich bin stolz auf dich!"
„Das hab' ich prima gemacht!"

Und wenn Sie sich loben, sollten Sie darauf achten, daß sich keine Selbstkritik in Ihr Selbstlob einschleicht: *„Du hast's geschafft, aber du hättest etwas weniger unbeholfen sein können". „Das war in Ordnung, aber bei diesem Tempo wirst du nie zu etwas kommen". „Sie sagte ja, aber das sagte sie nur aus Mitleid".*

In der Tat sollten Sie sich, selbst wenn der andere nicht in der gewünschten Weise reagiert, loben, daß Sie das Ziel erreicht und den Versuch gewagt haben. Und dann sollten Sie danach trachten, in Zukunft mit der Situation besser fertig zu werden. Sagen Sie sich z.B.:

- *„Es lief ganz gut. Ich hatte guten Blickkontakt, meine Stimme blieb fest, und ich stellte zwei gute offene Fragen. Schade, daß sie dieses Wochenende zum Skifahren geht, ich wette, sie hätte sonst ja gesagt. Ich bin fest entschlossen, sie nächsten Dienstag wieder zu fragen."*

- *„Du hast dich wirklich verbessert. Es ist dir gelungen, das Gespräch fast drei Minuten lang in Gang zu halten. Vielleicht klappt's nächstes Mal noch besser, wenn du im voraus planst und ihm mehr Fragen zu seiner Person stellst."*

- *„Ich bin ich froh, daß ich's versucht hab'. Schade, daß sie nein gesagt hat."*

Die meisten Menschen verweilen bei ihren Fehlern und beschimpfen sich wieder und wieder. Typischerweise führt das nur dazu, daß sie sich seelische Schmerzen zufügen, sich ihrer Energie berauben und sich den Mut nehmen, es erneut zu versuchen. Wenn Sie positiver und selbstbewußter werden wollen, sollten Sie aus Ihren Fehlern lernen und sie hinter sich lassen, aber bei Ihren Erfolgen verweilen.

Bitte vergleichen Sie sich auf Ihrem Weg zu mehr Kontakten nicht mit anderen. Andere Menschen haben Einstellungen, die ihr Kontaktverhalten fördern - und meist schon Jahrzehnte. Für sie ist es kein Kunststück und kostet keinen Mut, den ersten Schritt zu machen.

Wer zehnmal fragt und sieben Ablehnungen
erhält, hat immer noch drei Zusagen und
Kontakte mehr als jemand,
der überhaupt nicht frägt.

Teil II
Praktischer Teil:
Veränderung der Einstellungen
und der Körpersprache

Sie wissen jetzt, wie die Angst vor Kontakten entsteht und daß sie sich auch in Ihrer Körpersprache niederschlägt. Nun wollen wir diese Erkenntnisse auf Ihre ganz persönliche Situation übertragen. Sie sind an der Reihe, sich Ihre negativen Einstellungen bewußtzumachen und durch hilfreiche Gedanken zu ersetzen.

Nur Sie allein können Ihr Selbstvertrauen stärken und Ihrem Körper den Auftrag geben, kontaktbahnende Botschaften auszudrücken. Nur Sie können in Ihrem Heimkino einen Film mit Happy-End abspielen lassen und sich damit in eine kontaktfreudige Stimmung versetzen.

Kapitel 8
So verändern Sie Ihre Einstellungen

Sie haben das ABC der Gefühle kennengelernt und erfahren, daß Ihre Gefühle und Körperreaktionen nicht durch die Situation als solche, sondern durch Ihre Bewertungen und Schlußfolgerungen entstehen. Das ist Ihre große Chance. Wenn es nicht die fremden Menschen sind, die Sie automatisch erstarren lassen, in Angst versetzen oder zur Meidung animieren, dann haben Sie alle Möglichkeiten der Veränderung. Sie haben dann Wahlmöglichkeiten, ob Sie weiterhin Kontakte meiden, sich vor einem Gespräch in Anspannung versetzen und während der Unterhaltung voller Anspannung und Nervosität sind, oder ob Sie neugierig auf neue Kontakte sind und interessiert und offen auf andere Menschen zugehen.

Wir wollen uns im folgenden mit den Gedanken befassen, mit denen Sie sich Ihren ersten Schritt auf andere zu erschweren, und damit, wie Sie sich den ersten Schritt erleichtern können.

Bitte versetzen Sie sich in Ihrer Phantasie in eine Situation, in der Sie es nicht schafften, auf Ihr Gegenüber zuzugehen. Falls dies bereits einige Zeit zurückliegt und Sie schon lange keinen Versuch mehr gestartet haben, stellen Sie sich einfach vor, Sie wären auf einem Fest und müßten auf einen Ihnen unbekannten Menschen zugehen. Was geht Ihnen bei dieser Vorstellung durch den Kopf? Versuchen Sie, Ihrer Gedanken habhaft zu werden und Sie jetzt im ABC der Gefühle unter B zu notieren. Dann beschreiben Sie Ihre Gefühle, Körperreaktionen und Verhaltensweisen unter C.

A: Situation

Ich bin .... Um mich herum sich fremde Menschen.

B: Bewertung

C: Gefühle, Verhalten und Körperreaktionen

Ist es Ihnen gelungen, Ihre Gedanken herauszufinden? Am Anfang, wenn wir es nicht gewöhnt sind, auf unsere Selbstgespräche zu achten, fällt dies meist etwas schwer. Lassen Sie sich also nicht beirren: Wann immer Sie Angst, Unruhe, Unsicherheit verspüren, müssen Sie an etwas Gefährliches, Unangenehmes, Beunruhigendes gedacht haben. Sie müssen sich also auf die Suche nach alarmierenden Gedanken machen. Finden Sie trotz allem keine Gedanken, dann ist dies auch nicht tragisch. Wir haben Ihnen im folgenden die typischen negativen Gedankengänge von kontaktängstlichen Menschen zusammengestellt. Sicher werden auch einige der Ihnen vertrauten Gedanken darunter sein.

Generell gibt es zwei ganz grundsätzliche Motive, die sich hinter den kontaktblockierenden Selbstgesprächen verbergen:
1) die Angst vor Ablehnung
2) die Selbstablehnung und damit verbundene perfektionistische Forderungen an sich selbst

1. Negative Selbstgespräche, hinter denen sich die Angst vor Ablehnung verbirgt

- „Bestimmt will der andere nichts von mir wissen. Wenn er mir eine Abfuhr erteilt, wäre das entsetzlich."
- „Ich muß ein guter Gesprächspartner sein und darf nichts Falsches sagen. Der andere muß einen guten Eindruck von mir bekommen."
- „Was ist, wenn ich rot werde oder stottere, wenn ich ihn anspreche."

- „Wenn ich einen Korb kriege, werden die anderen mich auslachen."
- „Wenn ich im Gespräch unsicher werde, wird der andere mich ablehnen."
- „Der andere wird schlecht von mir denken, wenn ich ihn einfach anspreche."
- „Was, wenn ich etwas Dummes sage. Der andere wird schlecht von mir denken."
- „Was, wenn ich im Gespräch nicht mehr weiterweiß? Das wäre schrecklich peinlich: erst ein Gespräch beginnen und dann steckenbleiben."
- „Wenn ich ein Gespräch beginne, bin ich vollkommen für den Verlauf verantwortlich."
- „Wenn ich ein Gespräch beginne, bin ich dafür verantwortlich, daß es meinem Gegenüber gut dabei geht und er das Gespräch genießt."
- „Andere labern doch nur dumm daher. Da lohnt es sich erst gar nicht, Kontakt aufzunehmen."

Die negativen Gedanken sind z. T. noch unvollständig. Wir müssen nach jeder Aussage noch eine Schlußfolgerung anfügen: „Mein Gesprächspartner wird mich ablehnen. Und wenn er mich ablehnt, kann ich das nicht ertragen, wäre das furchtbar ..."

2. Negative Selbstgespräche, hinter denen sich die Selbstablehnung verbirgt

- „Wenn ich ein Gespräch beginne, werden andere entdecken, wie wenig ich zu bieten habe."
- „Was ist, wenn ich was Dummes sage. Das wäre schlimm. Das bedeutet, daß ich dumm bin."
- „Ich darf nicht unsicher sein, wenn ich einen anderen anspreche."
- „Der andere wird bestimmt nicht an jemandem wie mir interessiert sein. Ich bin nicht attraktiv genug."
- „Ich werde nervös sein und kein Wort herausbringen. Das

ist peinlich."
- „Der andere wird sich von mir abwenden. Das bedeutet, ich bin ein Versager."
- „Was ist, wenn ich plötzlich nichts mehr zu erzählen habe. Dann habe ich ein Gespräch begonnen und kann es nicht einmal aufrechterhalten. Menschen, denen so etwas passiert, sind Versager."
- „Wenn ich den anderen anspreche, wird der denken, daß ich es nötig habe und einen Partner suche."
- „Es sind dort so viele Menschen. Ich kennen niemanden. Alle kennen sich. Mit mir muß etwas nicht stimmen."
- „Ich muß einen guten Eindruck machen."
- „Ich darf anderen nicht zeigen, wer ich wirklich bin, sonst lehnen die mich ab."
- „Ich bin langweilig und dumm. An mir ist nichts, was andere interessieren könnte."
- „Seichtes Blabla bringt nichts und für kluge Gespräche bin ich nicht klug genug."

Auch diese Aussagen sind z. T. noch unvollständig. Es folgt immer noch eine unausgesprochene Schlußfolgerung: „Und wenn ich versage, ist das furchtbar. Das kann ich nicht ertragen. Das bedeutet, ich bin ein minderwertiger Mensch."

Sie werden es schon bemerkt haben: die Selbstablehnung und die Angst vor Ablehnung hängen ganz eng zusammen. Je mehr wir uns selbst ablehnen, desto eher sind wir davon überzeugt, daß auch andere uns ablehnen. Wir können uns dann nur schwer vorstellen, daß andere etwas Gutes an uns finden könnten. Wenn diese uns loben, denken wir: „Die wissen einfach noch nicht, wie ich wirklich bin" oder „Die wollen nur nett und höflich sein und mich nicht verletzen". Und desto schneller interpretieren wir auch das Verhalten der anderen als ablehnend uns gegenüber. Uns lacht beispielsweise ein Passant an und wir denken sofort: „Der lacht mich aus." Daß er uns anlachen oder über etwas völlig anderes lachen könnte, fällt uns erst gar nicht ein.

Ja, und die Spirale geht noch weiter: Je mehr wir uns

selbst ablehnen, desto mehr bedürfen wir der Anerkennung der anderen, desto mehr Angst haben wir, von diesen abgelehnt zu werden. Das hängt damit zusammen, daß wir, wenn wir uns selbst ablehnen, fast ununterbrochen mit negativen Gefühlen umherlaufen. Wir sind depressiv, unsicher, ängstlich und eifersüchtig. Die einzigen Augenblicke, in denen es uns besser geht, sind die, in denen andere uns Anerkennung zollen. Doch das gute Gefühl verfliegt schnell, weil wir die Anerkennung dann meist gleich entwerten und wieder unseren selbstabwertenden Gedanken Gehör schenken.

So, nun wissen wir, was wir denken müssen, um uns kontaktängstlich zu machen. Jetzt müssen wir uns die positiven Gedanken zunutze machen, die Menschen zu kontaktfreudigen Menschen machen.

Sie werden beim Lesen dieser positiven Gedanken wahrscheinlich schon eine ganze Menge an Einwänden dagegen haben wie z.B.: „Ja, aber so einfach geht es doch nicht." „Das ist doch nur eine Wortspielerei. Das funktioniert bestimmt nicht." „Die haben es halt gut, die so denken können." „Die hatten halt eine bessere Kindheit wie ich." Es ist in Ordnung, wenn solche Gegenargumente auftauchen. Sie müssen sogar kommen, weil diese neuen Einstellungen Ihren bisher gemachten Erfahrungen zuwiderlaufen. Nehmen Sie die Einwände zur Kenntnis, aber lassen Sie sich davon nicht beirren.

Fahren Sie fort, die nachfolgenden kontaktfördernden Einstellungen durchzulesen, und stellen Sie sich vor, wie Sie sich verhalten würden, könnten Sie tatsächlich daran glauben.

1. Hilfreiche Gedanken, die es uns erleichtern, auf andere Menschen zuzugehen:

Ich gehe einfach auf den anderen zu. Ich möchte ihn kennenlernen. Es kann mir nichts Schlimmes passieren. Entweder er geht auf mein Gesprächsangebot ein oder er läßt es. Wenn nicht, schade. Dann werde ich mich nach jemand anderen um-

sehen. *Ob die anderen sein Desinteresse überhaupt wahrnehmen, weiß ich nicht. Wenn sie es sehen, weiß ich nicht, ob sie darüber lachen. Wenn ja, dann dürfen sie es.* Deshalb bin ich noch lange kein Versager. Ich mache mir lediglich meine Fähigkeiten zunutze, Kontakt zu anderen aufzunehmen. Und ich tue etwas, um meinen Wunsch nach Kontakt zu erfüllen.

Wie ich bei meinem Gesprächspartner ankomme, weiß ich nicht. Wenn er sich nicht mit mir unterhalten will, kann das viele Ursachen haben: Entweder hat er selbst Angst, ist nicht in Stimmung, ist müde, ist krank, findet mich nicht sympathisch, wartet auf jemand anderen, ist Ausländer, usw.

Wenn ich dabei rot werde oder stottere, ist das in Ordnung. Das darf er sehen. Er weiß dann lediglich von mir, daß ich aufgeregt bin. Das ist menschlich. Wenn er mich deshalb ablehnen sollte, dann ist das nur seine Meinung. Am Rotwerden ist nichts, was man ablehnen muß.

Wie der andere über mich denkt, wenn ich ihn anspreche, weiß ich nicht. Sollte er schlecht von mir denken, dann sind das seine Phantasien. Ich weiß, daß ich mich nur unterhalten will. Mir kommt es darauf an, meinen Gesprächspartner kennenzulernen. Um ihn näher kennenzulernen, beginne ich mit etwas Alltäglichem. Wie er darüber denkt, ist seine Sache. Er kann das Gespräch auf ein anderes Thema lenken, wenn er möchte.

Es ist möglich, daß ich im Verlauf des Gesprächs den Faden verliere oder nichts mehr zum Gespräch beizutragen habe. Dann kann ich das Gespräch abbrechen oder eine Frage formulieren. Der andere ist ebenfalls für den Verlauf des Gesprächs zuständig. Es ist ganz normal, daß ein Gespräch manchmal zuende ist und man sich nichts mehr zu sagen hat. Das kann ich vor dem Gespräch noch nicht wissen, weil ich den anderen erst kennenlernen muß. Wenn der andere sich im Gespräch langweilt, dann kann er etwas dafür tun, um es für sich unterhaltsam zu machen.

Ich gebe jedem unbekannten Menschen eine Chance. Auch wenn ich schon schlechte Erfahrungen mit anderen Menschen gemacht habe, mich im Gespräch gelangweilt, überrumpelt oder ausgenutzt gefühlt habe, so kann doch diese Unterhaltung *positiv verlaufen. Vielleicht lerne ich dieses Mal einen netten, interessanten Menschen kennen.*

2. Hilfreiche Gedanken, die uns zu mehr Selbstvertrauen verhelfen und uns mit größerer innerer Sicherheit auf andere zugehen lassen:

Ich bin ein liebenswerter Mensch mit Stärken und Schwächen - so wie jeder andere auch. Wenn ich ein Gespräch beginne, dann wird der andere sehen, wie ich es anknüpfe. Nicht mehr und nicht weniger. Er kann daraus nicht ableiten, wie schlau oder dumm ich bin. Er weiß nur, wie ich in diesem einen Augenblick mit ihm ein Gespräch führe. Auch wenn ich etwas sage, was er als dumm ansieht, ist das nur seine Meinung. Außerdem bin ich nicht dumm, nur weil ich etwas Dummes sage. Ein ungeschicktes Verhalten stellt nicht meine ganzen Eigenschaften, Fähigkeiten, die ich über Jahre erworben habe, in Frage.

Der andere darf auch sehen, daß ich zittere und unsicher bin, stottere, kein Wort herausbringe oder rot werde. Dies sind nur kleine Teilchen von mir, die mich in diesem Augenblick auszeichnen. Ob er es als peinlich ansieht, ist seine Meinung. Solange ich mir diese Reaktionsweisen gestatte, ist seine Meinung nicht gefährlich für mich. Jeder Mensch, also auch ich, hat etwas anzubieten, was für andere interessant sein kann. Wenn es für diesen einen Menschen, mit dem ich jetzt spreche, nicht interessant ist, schade. Auch mich interessiert nicht jeder Mensch und auch nicht zu jedem Zeitpunkt in meinem Leben. Außerdem werde ich für die meisten Menschen dadurch interessant, daß ich mich für sie und deren Leben interessiere und sie in eine gute Stimmung versetze.

Wenn mein Gesprächspartner mir signalisiert, daß er nicht an einem Gespräch mit mir interessiert ist, dann darf er das. Das ist sein gutes Recht. Deshalb bin ich kein minderwertiger Mensch.

Es kann passieren, daß das Gespräch ins Stocken kommt. Dann kann ich das ansprechen oder mich verabschieden.

Manchmal haben sich zwei Menschen eben nicht viel zu sagen. Das kann ich vor Gesprächsbeginn nicht wissen. Was der andere denkt, wenn ich ihn anspreche, weiß ich nicht. Selbst wenn er denken sollte, daß ich einen Partner suche, was ist so schlimm daran? Es ist dann ganz normal, daß ich Kontakte suche. Wenn viele Menschen auf einer Veranstaltung sind, die sich kennen, dann ist es Zeit, daß ich auch einige davon kennenlerne.

Ich gebe mich so, wie ich bin. Ob ich beim anderen ankomme oder nicht, entscheidet dieser. Wenn ich nicht seinen Vorstellungen und Erwartungen entspreche, ihn an jemand Unsympathisches oder etwas Negatives erinnere, bei ihm bestimmte Vorurteile auslöse, dann ist das seine Sache.

Ich gebe mich so, wie ich wirklich bin. Dann werde ich sehen, ob ich bei meinem Gegenüber ankomme. Wenn nicht, überlege ich mir, warum, und ob ich etwas an mir ändern möchte. Vielleicht suche ich aber auch nach Menschen, denen ich mehr so liege, wie ich bin.

Ich werde mit einem leichten unverbindlichen Thema beginnen, das uns beide verbindet. Dann werde ich mich langsam vortasten, wieviel wir uns gegenseitig anzubieten haben. Ich werde dann entscheiden, was meinem Gegenüber wichtig ist. Vielleicht genügt ihm ein unterhaltsames Geplauder.

Geplauder kann ganz unterhaltsam sein. Wenn wir auf ernstere Themen kommen oder intensiver einsteigen, werde ich sehen, ob ich mithalten kann. Wenn ich auf einem bestimmten Gebiet tatsächlich nicht mithalten kann, kann ich meinen Gesprächspartner bitten, es mir zu erklären. Dies kann für ihn auch ein befriedigender Gesprächsverlauf sein. Wenn nicht, können wir auf ein anderes Thema, zu dem ich mehr zu sagen habe, überwechseln. Selbst wenn ich auf bestimmten Gebieten wenig Wissen habe, bin ich deshalb nicht dumm und unfähig. Heutzutage hat kein Mensch mehr ein umfassendes Wissen auf allen Gebieten. Außerdem kann ich mir, falls ich es wirklich will, das fehlende Wissen aneignen.

Kontaktfreudige Menschen, die sich noch nie negative Gedanken darüber gemacht haben, wie sie bei anderen ankommen und ob sie etwas zur Unterhaltung beitragen können, gehen sogar noch einen Schritt weiter. Sie stellen sich überhaupt nichts Negatives vor, was sie erwarten könnte. Sie sind vergleichbar mit einem Seiltänzer, der sich auch nicht vorstellt, jemals vom Seil fallen zu können. Der geringste Zweifel daran würde ihn über kurz oder lang stürzen lassen, da unser Körper immer das ausführt, was unser Geist denkt. Kontaktfreudige Menschen denken nur:

„Ich bin in Ordnung, habe Interessantes für andere anzubieten. Wenn der andere nicht darauf eingeht, schade für ihn. Da ist ihm etwas entgangen."

Da Sie eine Kontaktaufnahme bisher jedoch immer mit negativen Gedanken und Phantasien verknüpft haben und sie diese nicht einfach an ihrem Auftreten hindern können, bleibt Ihnen nur der Weg, sie zunächst immer wieder geduldig durch hilfreiche Gedanken zu ersetzen.

Haben Sie bemerkt, wodurch sich die Gedanken kontaktängstlicher und kontaktfreudiger Menschen unterscheiden?

Kontaktängstliche Menschen
- sehen harmlose Ereignisse als gefährlich (Katastrophieren)
  („Er wird sich nicht mit mir unterhalten wollen. Das kann ich nicht aushalten.")
- übertreiben die Wahrscheinlichkeit des Schadens.
  („Sicher werden mich alle auslachen.")
- übertreiben das Ausmaß der Katastrophe.
  („Er wird der ganzen Stadt erzählen, wie wenig ich weiß.")
- wiederholen in Gedanken und Phantasien immer wieder vergangene negative Erlebnisse und zukünftige Ereignisse.
  („Es war schrecklich peinlich, als ich ...")
- unterschätzen ihre Fähigkeiten.

(„Ich bin unattraktiv, dumm, kann mich nicht unterhalten.")
- übergeneralisieren.
  („Ich habe einmal einen Korb bekommen, das bedeutet: Ich bin ein Versager auf allen Gebieten.")
- stellen übertrieben hohe Forderungen an andere.
  („Der eine sollte erst einmal... tun, so.... sein, dann werde ich Kontakt zu ihm aufnehmen."; „Der andere sollte auf mich zukommen.")
- haben starre Regeln, nach denen sie sich verhalten.
  („Ein Erwachsener sollte nicht gleich beim ersten Gespräch nach der Telefonnummer fragen." „Eine Frau sollte keinen Mann zum Tanzen auffordern, einen Mann ansprechen, allein auf ein Fest gehen ...")

Kontaktfreudige Menschen
- machen keine Annahmen, was Unangenehmes passieren könnte, bzw. suchen nach Lösungen, wenn die Wahrscheinlichkeit hoch ist, daß es tatsächlich passiert.
  („Ich kann nicht in die Zukunft sehen und wissen, wie andere denken und sich verhalten. Selbst aber wenn sie mich ablehnen oder auslachen, kann ich das ertragen. Wenn es mir die Sprache verschlägt oder ich nichts mehr zu sagen weiß, ist das unangenehm, aber ich kann damit umgehen.")
- beziehen sich auf Tatsachen.
  („Ablehnung ist unangenehm für mich, aber ich kann sie ertragen." „Ich bin rot geworden, mein Gesprächspartner hat es gesehen. Er weiß jetzt, daß ich in dieser Gesprächssituation rot geworden bin. Das darf er wissen.")
- unterscheiden zwischen Meinungen und Tatsachen.
  („Wenn der andere negativ von mir denkt, bin ich nicht automatisch so, wie er denkt. Tatsachen lassen sich beweisen, stimmen mit der Wirklichkeit überein und können als richtig oder falsch bewertet werden. Meinungen sind persönliche Ansichten, die sich verändern können, die weder bewiesen noch widerlegt werden können. Mein Gegenüber

hat ein Recht auf seine Meinung. Ich kann entscheiden, ob ich ihr zustimme oder nicht.")

- vermeiden übertriebene, unlogische Schlußfolgerungen. Einzelne Verhaltensweisen werden bewertet, aber keine Rückschlüsse auf die gesamte Person gezogen.
  („Ein ungeschicktes Verhalten macht mich nicht zum Versager. Eine Ablehnung bedeutet nicht, daß alle Menschen mich ablehnen. Schüchternes Verhalten in der Kindheit bedeutet nicht, daß ich immer ein schlechter Unterhalter sein werde. Rotwerden in bestimmten Situationen bedeutet nicht, daß ich immer und in jeder Situation erröten werde. Ein Lachen bedeutet nicht, daß der andere über mich lacht.")

- unterlassen perfektionistische Forderungen.
  („Ich darf auch Fehler machen. Es gibt keine perfekten Menschen. Auch „gute" Menschen zeigen ab und zu ein „schlechtes" Verhalten. Auch „kluge" Menschen, verhalten sich ab und zu „dumm.")

- machen sich deutlich, wer verantwortlich ist.
  („Ich bin für mich, andere für ihr Verhalten und ihre Gefühle verantwortlich. Wenn andere sich nicht wohl fühlen, enttäuscht sind, dann sind sie daran selbst beteiligt. Sie haben etwas anderes erwartet, ihre Erwartungen nicht geäußert oder aber sich auch nicht dafür eingesetzt, daß ihre Erwartungen erfüllt wurden. Wenn andere das Gespräch langweilig finden oder sich unverstanden fühlen, dann sind sie ebenso wie ich dafür verantwortlich.")

- schätzen ihre Fähigkeiten realistisch ein.
  („Ich bin ein Mensch wie jeder andere auch. In manchen Verhaltensweisen bin ich begabter und routinierter, in anderen weniger begabt wie andere. Manche Eigenschaften sind stärker, andere schwächer ausgeprägt wie die anderer. Im Augenblick bin ich so, wie ich bin. Ich kann daran arbeiten, mich in manchen Bereichen zu verändern.")

- trennen zwischen ihrer Person und ihrem Verhalten.
  („Wenn ich dieses Mal eine Abfuhr bekommen habe, so heißt das nicht, daß ich nicht liebenswert bin. Dieses Mal

hat es eben nicht geklappt.")
- stellen keine übertrieben hohe Forderungen an andere.
  („Jeder Mensch hat Stärken und Schwächen. Ehe ich auf
  den Mister Perfekt vergeblich warte, spreche ich den anderen an und habe Spaß mit ihm.")
- haben keine starren Regeln, nach denen sie sich verhalten.
  („Solange ich mir und niemand anderem damit schade,
  habe ich das Recht, mich gemäß meiner Vorstellungen
  und Wünsche zu verhalten.")

Wie finden Sie ein hilfreiches Selbstgespräch?

Hilfreiche Selbstgespräche unterstützen uns darin, unser Ziel,
wie z.b. mehr Kontakt zu anderen zu finden, zu erreichen.
   Wir haben bereits festgestellt, daß wir uns bei der Frage,
ob unser Selbstgespräch hilfreich und für uns passend ist,
nicht auf unsere Gefühle verlassen können. Unsere Gefühle
bestätigen uns die Gedanken, die wir uns immer wieder machen. Denken wir „Der andere wird mich bestimmt ablehnen", bekommen wir automatisch Angst. Diese Angst beweist
jedoch nicht, daß der andere uns tatsächlich ablehnen würde,
würden wir ihn ansprechen. Dies gilt jedoch auch anders
herum: Begegnen wir nachts auf der Straße einem Mann und
denken „Der tut mir bestimmt nichts", bekommen wir zwar
keine Angst. Doch ist die fehlende Angst keine Garantie
dafür, daß er uns nicht anfällt und ausraubt.
   Wir müssen also zum Ziel haben, uns solche Gedanken zu
machen, die
- den Tatsachen entsprechen
- und uns helfen, uns so zu fühlen und verhalten, wie wir es
  möchten.

Demnach müssen wir unsere Gedanken mit den folgenden
vier Fragen hinterfragen:

1. Woher weiß ich, ob das, was ich als gefährlich ansehe, auftreten wird?
2. Wie wahrscheinlich ist es?
3. Was wäre das Schlimmste, was passieren könnte? Bin ich in Lebensgefahr? Wie kann ich damit umgehen?
4. Was verliere ich, wenn ich mich in die Situation begebe? Was gewinne ich, wenn ich mich trotz möglicher Gefahr in die Situation begebe? Stellen Sie eine Gewinn-Verlust-Rechnung auf.

Schauen wir uns hierzu wieder ein Erlebnis von Frau N. an:

A: Situation
Frau N. fährt mit dem Zug von München nach Frankfurt. Gleich nach dem Einsteigen hat sich eine Frau etwa gleichen Alters neben sie gesetzt.

B: Bewertung
Ich möchte mich so gern mit meiner Nachbarin unterhalten. Wenn sie mich doch nur ansprechen würde. Wenn ich sie ansprechen und mir der Gesprächsstoff ausgehen würde, wie peinlich wäre das, dann noch zwei Stunden schweigend nebeneinander zu sitzen. Sie liest die Süddeutsche Zeitung, also ist sie auch sehr gebildet. Da kann ich nicht mithalten. Sie wird denken, ich stehle ihr mit meinem dummen Geschwätz nur die Zeit.

C: Gefühle, Verhalten und Körperreaktionen
Frau N. fühlt sich angespannt, bekommt einen Kloß in den Hals, Angst, spricht die Nachbarin nicht an, sondern starrt stumm aus dem Fenster.

Wir brauchen wohl nicht zu erwähnen, daß sich Frau N., als der Zug in Frankfurt einfährt, über sich ärgert, so feige gewesen zu sein. All ihre Selbstvorwürfe nützen ihr jedoch nichts, denn mit einem solch negativen Selbstgespräch, das sie geführt hat, kann sie sich nicht anders verhalten.

Frau N. findet ihr hilfreiches Selbstgespräch, indem sie ihre negativen Gedanken mit den o.g. vier Fragen überprüft. Sie hat ihre Gedankengänge hierzu in zwei Teile aufgeteilt, um die Fragen leichter beantworten zu können: „Ich möchte mich so gern mit meiner Nachbarin unterhalten. Wenn sie mich doch nur ansprechen würde. Wenn ich sie ansprechen und mir dann der Gesprächsstoff ausgehen würde, wie peinlich wäre das, dann noch zwei Stunden schweigend nebeneinander zu sitzen."

1. Woher weiß ich, daß mir der Gesprächsstoff ausgeht und es peinlich für mich ist, wenn ich noch zwei Stunden neben ihr sitzen muß? Wo ist der Beweis?

„Ich weiß es nicht. Es ist nur eine Vermutung, daß es so kommen wird."

2. Wie wahrscheinlich ist es?

„Ich habe das zwar schon in einigen Gesprächen erlebt, aber wie es mit dieser Frau funktioniert, weiß ich nicht."

3. Was wäre das Schlimmste, was passieren könnte, wenn mir der Gesprächsstoff ausgeht? Bin ich in Lebensgefahr? Wie kann ich damit umgehen?

„Das Schlimmste, was mir passieren könnte, ist, daß wir uns anschweigen - so wie wir es auch tun, wenn ich sie nicht anspreche. Wenn ich dies als peinlich bewerte, wird es auch peinlich für mich sein. Wenn ich es als Experiment betrachte, wie gut ich mich mit dieser Frau unterhalten kann, und um herauszubekommen, ob wir uns etwas zu sagen haben, dann ist es nicht peinlich. Auf jeden Fall kann ich damit umgehen, dann schweigend neben ihr zu sitzen. Ja, ich könnte sogar das Abteil wechseln, wenn es mir zu unangenehm würde."

4. Was verliere ich, wenn ich sie anspreche? Was gewinne ich, wenn ich sie trotz meiner Bedenken anspreche?

„Gewinnen könnte ich eine unterhaltsame, kurzweilige Zugfahrt, vielleicht neue Denkanstöße, eine neue Bekannte, mehr Selbstsicherheit, weil ich wider meine Angst gehandelt habe, mehr Erfahrung in der Kontaktaufnahme und Gesprächsführung. Verlieren könnte ich nicht viel. Es könnte enttäuschend für mich sein, falls meine Gesprächspartnerin überhaupt kein Gespräch führen, sondern lieber ihre Zeitung weiterlesen will."

Den zweiten Teil ihres negativen Selbstgesprächs diskutiert Frau N. mit Hilfe der 4 Fragen so:
„Sie liest die Süddeutsche Zeitung, also ist sie auch sehr gebildet. Da kann ich nicht mithalten. Sie wird denken, ich stehle ihr mit meinem dummen Geschwätz nur die Zeit."
1. Woher weiß ich, wie gebildet sie ist? Woher weiß ich, daß ich geistig nicht mithalten kann und sie denkt, ich stehle ihr die Zeit mit meinem dummen Geschwätz?
„Ich weiß nichts von all dem. Es ist eine Vermutung. Ich weiß weder, welche Art von Unterhaltung sich aus meinem Gesprächsanstoß entwickelt, noch weiß ich, wie sie sich eine Unterhaltung vorstellt. Ich habe eine normale Schulbildung und eine abgeschlossene Berufsausbildung. Weil ich selbst negativ über mein Wissen denke, denke ich, die Zugnachbarin macht es auch."
2. Wie wahrscheinlich ist es, daß ich geistig nicht mithalten kann und sie denken wird, ich stehle ihr die Zeit?
„Ich weiß es nicht, ob ich geistig mithalten kann, da ich die Erwartungen der Frau an eine Unterhaltung auf der Zugfahrt von München nach Frankfurt am heutigen Tag nicht kenne. Es ist aber eher unwahrscheinlich, daß sie sich für die Zugfahrt eine hochwissenschaftliche Diskussion wünscht und das Gespräch mit mir als vergeudete Zeit ansieht."
3. Was wäre das Schlimmste, was passieren könnte? Bin ich in Lebensgefahr? Wie kann ich damit umgehen?
„Ich bin nicht in Lebensgefahr. Das Schlimmste, was passieren könnte, ist, daß sie eine negative Meinung von mir hat. Das ist jedoch ihre ganz persönliche Meinung, die abhängig ist von ihren Erwartungen, momentanen Bedürfnissen, ihrer Lebensgeschichte, ihren bisherigen Erfahrungen. Außerdem kann sie, auch ohne daß ich sie anspreche, negativ über mich denken. Ich kann damit leben, daß eine Zufallsbekanntschaft negativ über mein Wissen denkt".
4. Was verliere und gewinne ich, wenn ich sie anspreche?

„Wenn ich sie anspreche, weiß ich möglicherweise dann genau, auf welchem geistigen Niveau sie sich unterhalten möchte und ob ich mithalten kann. Ich überwinde meine Angst und lerne, zu mir zu stehen. Ich verliere möglicherweise die gute Meinung, die sie vor dem Gespräch von mir hatte. Sie sieht mich vielleicht dann mit anderen Augen, vielleicht tatsächlich als Belastung mit dummem Geschwätz. Doch ist das nur ihre ganz persönliche Meinung."

So wie es Frau N. gemacht hat, können Sie nun für alle Situationen, in denen Sie sich anders fühlen und verhalten, als Sie es gerne möchten, ein ABC der Gefühle erstellen und sich ein neues Selbstgespräch erarbeiten. Sie werden dabei feststellen, daß sehr oft die gleichen negativen Gedanken ablaufen.

Vielleicht haben Sie nun den Eindruck, daß es ganz schön schwierig ist, seine Gedanken zu überprüfen und sie durch hilfreiche Gedanken zu ersetzen. Das ist es tatsächlich am Anfang, wenn man es nicht gewöhnt ist. Doch Sie werden mit der Zeit immer schneller zu einer hilfreichen Gedankenalternative kommen. Außerdem haben wir uns zu Ihrer Unterstützung noch etwas einfallen lassen:

Im Anhang, Teil B haben wir Ihnen nochmals zu jeder der am Kapitelanfang aufgeführten negativen Einstellungen, die zu Kontaktangst führen, ausführlich eine hilfreiche Alternative aufgeführt. Am besten schreiben Sie sich die für Sie persönlich besonders wichtigen kontaktfördernden Einstellungen auf ein Kärtchen, das Sie immer bei sich tragen und so oft wie möglich durchlesen. Je besser Sie sich die Alternative einprägen, um so schneller können Sie sich auch in den Situationen, in denen es darauf ankommt, daran erinnern.

Das Erlernen neuer hilfreicher Einstellungen ist vergleichbar dem Erlernen einer Fremdsprache. Vielleicht kennen Sie es aus eigener Erfahrung. Wenn Ihnen die Redewendungen im Ernstfall ohne Probleme über die Lippen gehen sollen, dann müssen Sie sie immer und immer wieder wiederholen.

Kapitel 9
So stärken Sie Ihr Selbstvertrauen

Menschen mit einem starken Selbstvertrauen haben keine Angst, auf andere zuzugehen und sich im Gespräch zu öffnen:

1. Sie schätzen es nicht als wahrscheinlich ein, abgelehnt zu werden.
2. Sie sehen es nicht als gefährlich an, abgelehnt zu werden, denn sie haben eine positive Einstellung sich selbst gegenüber, die sie der negativen Ansicht anderer entgegensetzen.
3. Sie verurteilen sich nicht, wenn sie von anderen nicht beachtet oder abgelehnt werden.

Deshalb möchten wir Ihnen jetzt einige Übungen vorschlagen, mit denen Sie Ihr Selbstvertrauen stärken können. Wie wir in Kap. 3 besprochen haben, entwickeln wir im Laufe unserer Kindheit eine positive oder negative Grundeinstellung zu uns selbst. Diese Grundeinstellung können wir als Erwachsene prüfen und korrigieren, wenn sie nicht den Tatsachen entspricht und nicht hilft, unsere Ziele zu erreichen.

Dabei geht es nicht darum, uns durch eine rosarote Brille zu sehen - als den tollsten und den größten Hecht, der umherläuft. Eine positive Grundeinstellung sollte sowohl unsere Stärken als auch unsere Schwächen miteinbeziehen. Sie ist sozusagen ein innerliches Okay: „Ja, so bist du, so darfst du sein".

Eine **positive** Einstellung könnte so aussehen:
„Ich bin in Ordnung, wie ich bin. Ich habe Stärken und Schwächen. Ich bin bereit, diese für den Augenblick zu akzep-

tieren. Ich bin liebenswert wie alle Menschen".

Die Schlußfolgerung daraus könnte lauten:
„Deshalb darf ich auf andere zugehen, ein Gespräch beginnen, meine Meinung sagen, meine Gefühle zeigen, Schwächen zeigen, Neues riskieren und Fehler machen ... Deshalb dürfen andere den Kontakt zu mir ablehnen, das Gespräch abbrechen, mir einen Korb geben, mich auslachen, meine Schwächen sehen, meine Gefühle sehen ..."

Eine **negative** Grundeinstellung kann so aussehen:
„Ich bin minderwertig, weniger klug, weniger attraktiv, weniger redegewandt, weniger selbstbewußt .... wie andere. Ich habe mehr Schwächen als andere."

Die Schlußfolgerung daraus könnte lauten:
„Deshalb muß ich mich dafür verurteilen, mich verkriechen, klein machen, meine Schwächen nach außen verbergen, alles Neue meiden, meine Gefühle nach außen hin verstecken, alles besonders perfekt machen, mit meiner Meinung zurückhalten..."
Für diejenigen, die eher mit Angriff als mit Meidung reagieren, gilt folgende Schlußfolgerung:
„Deshalb muß ich auf meiner Meinung beharren, nach außen hin eine Fassade zeigen, mich meiner Erfolge brüsten, andere klein machen, ..."

Merken Sie den Unterschied? Eine negative Grundhaltung führt zwangsläufig dazu, daß wir den Kontakt zu anderen entweder ganz vermeiden oder uns während des Kontaktes mit Angst belasten. Wir sehen die Kontaktaufnahme als Gefahr, daß andere unsere vermeintliche Minderwertigkeit erkennen.

Können Sie erkennen, weshalb Sie im Augenblick Angst vor Kontakten haben müssen? Können Sie erkennen, daß die Willenskraft, das Erzwingen einer Kontaktaufnahme nicht funktionieren kann?

Sie geben Ihrem Körper quasi zwei unterschiedliche Aufträge:

- Auf der einen Seite erzählen Sie ihm, daß Sie den Kontakt meiden sollten, weil sie minderwertig, unattraktiv, häßlich ... sind und etwas Schlimmes passieren würde, wenn Sie Kontakt aufnehmen würden.
- Auf der anderen Seite fordern Sie von Ihrem Körper Angstfreiheit und die Bereitschaft, Kontakt aufzunehmen.

Sie benötigen stattdessen zwei übereinstimmende Botschaften, die Sie Ihrem Körper geben:

1. Einen Kontakt aufzunehmen ist für mich ungefährlich. Ich bin jedermann draußen im Leben gleichgestellt und Mitmensch.
2. Ich möchte Kontakt aufnehmen.

Für die zweite Botschaft haben Sie sich bereits entschieden. Nun müssen Sie sich noch die erste erarbeiten. Wie können Sie sich eine neutrale oder positive Grundhaltung aneignen?

Im Grunde genommen geht dies ganz einfach. Sie müssen lernen, positiv über sich zu denken. Doch Sie wissen bereits, daß Sie dabei mit entschiedenem Widerstand Ihres alten eingefahrenen Gedankenprogramms rechnen müssen. Sie erinnern sich an die 3. Stufe des Umlernprozesses (s. Kap. 6)? Wann immer Sie anders als gewohnt über sich denken, kommt ein „Ja, aber ...". Das gehört zum Umlernprozeß dazu.

Die Einwände sind eine Art Schutzvorrichtung unseres Körpers, uns vor Neuem zu warnen und dabei die alten Erfahrungen und Bewertungen miteinzubeziehen. Sie sollen es uns erleichtern, einmal Erlerntes ohne großes Nachdenken immer wieder auszuführen. Beispielsweise schlafen wir in einer bestimmten Körperstellung ein, putzen die Zähne auf eine ganz bestimmte Art und Weise, der Bewegungsablauf beim

Treppensteigen ist ganz charakteristisch für uns. Können wir infolge einer Erkrankung diese Gewohnheiten nicht mehr ausführen, haben wir eine bestimmte Zeit lang den Eindruck, etwas falsch zu machen.

Diese Schutzvorrichtung ist leider dann hinderlich, wenn unsere alten Gedankenmuster ohnehin auf nicht mehr für uns passenden Annahmen beruhen. Sie erschwert oder behindert dann die Korrektur und Anpassung unserer Bewertungen an neue Umstände. Was bleibt uns also übrig? Wir müssen die alten Bewertungen korrigieren und einfach damit leben, daß wir uns dabei unwohl fühlen und für einige Zeit das Gefühl haben, uns zu belügen.

10 Schritte zum Aufbau eines größeren Selbstvertrauens

1. Erstellen Sie sich eine Liste mit möglichst vielen Ihrer positiven Merkmale, Eigenschaften und Fähigkeiten.
Ruhen Sie dabei nicht, bis Sie mindestens 10 Punkte notiert haben. Es müssen keine besonders originellen Eigenschaften oder Fähigkeiten sein, die sonst niemand hat. Es müssen keine Fähigkeiten sein, die Sie immer und überall zeigen. Es genügt, wenn Sie sie ab und zu zeigen.
Eine Liste könnte beispielsweise so aussehen:
„Ich bin ordentlich, ehrlich, zuverlässig, bin verschwiegen, habe schöne lange Beine, engagiere mich bei Greenpeace, bin umweltbewußt und sammle Gläser für den Glascontainer, rufe regelmäßig meine Eltern an, bin Chefsekretärin, kann gut zuhören, kann gut backen ...“

Ganz sicher fällt es Ihnen nicht ganz leicht, sich selbst zu loben, da Sie es eher gewöhnt sind, sich eine Negativliste von Eigenschaften zu erstellen. Und sicher würden Sie sich auch nicht sträuben, eine Liste negativer Eigenschaften zu erstellen, so wie Sie es jetzt vielleicht hier tun. Tun Sie es dennoch, auch wenn Sie sich unwohl dabei fühlen oder Ihnen zunächst nichts einfällt. Sie wissen, daß Sie beim Umlernen „Ja, aber ..."- Gedanken begleiten werden. Lesen Sie sich diese Liste täglich durch, sodaß Sie sie parat haben, um sie Kritik oder Fehlern entgegenzusetzen.

Wenn Ihnen gar nichts einfallen sollte, können Sie sich auch überlegen, welches Lob Sie schon mal von Freunden gehört haben. (Ganz Mutige können ihre Freunde auch direkt danach fragen.)

2. Nehmen Sie sich selbst so an, wie Sie sind.
Stellen Sie sich täglich vor den Spiegel und schauen Sie sich ganz bewußt in die Augen. Dann sprechen Sie laut zu sich: „... (Ihr Vorname), ich bin bereit, dich so zu akzeptieren, wie du bist."

Überwinden Sie sich, diese Übung durchzuführen, auch wenn sie Ihnen lächerlich vorkommt oder Sie dabei traurig werden. Wählen Sie dabei den gleichen Tonfall, als ob Sie zu einer lieben Freundin/einem lieben Freund sprechen würden.

Nach einer solchen Botschaft haben Sie sich immer gesehnt - vielleicht haben Sie sie nie erhalten. Jetzt können Sie sich diese selbst geben und werden mit der Zeit auch das dazugehörige Gefühl, gemocht zu werden, verspüren. Am Anfang kommt der Widerspruch und der Eindruck, sich nur etwas einzureden und die Unwahrheit zu sagen.

3. Suchen Sie in Ihrer Erinnerung nach einem Erlebnis, bei dem Sie sich selbstbewußt und sicher gefühlt haben.
Versuchen Sie, sich dieses Erlebnis genau vor Augen zu führen. In welcher Umgebung war das? Welche Menschen waren anwesend? Wie haben Sie sich gefühlt? Was haben Sie sich in dieser Situation gedacht? Was haben Sie getan? Was haben Sie gehört, gerochen, geschmeckt? Ruhen Sie nicht, bis Sie sich möglichst alle wichtigen Details wieder wachgerufen haben.

Je genauer Sie sich diese Situation vorstellen können, desto ähnlicher werden Ihre momentanen Gefühle denen sein, die Sie unmittelbar in dieser Situation empfunden haben. Sie erinnern sich: Unser Gehirn kann nicht unterscheiden, ob wir etwas wirklich erleben oder uns nur in Erinnerung rufen (siehe Kap. 4).

Wann immer es Ihnen schlecht geht, Sie enttäuscht oder niedergeschlagen sind, können Sie sich diese Situation wieder vor Augen führen und damit Ihr momentanes Stimmungstief überwinden.

4. Trennen Sie zwischen Meinung und Tatsache.

Zur Unterscheidung: Tatsachen lassen sich beweisen, stimmen mit der Wirklichkeit überein und können als richtig oder falsch bewertet werden. Tatsachen sind beobachtbar und von allen Menschen erkennbar.

Meinungen sind persönliche Ansichten, die sich verändern können, die weder bewiesen noch widerlegt werden können. Es sind Wertungen.

Wenn ein Dritter Sie kritisiert oder Ihren Gesprächsbeitrag für naiv, dumm oder einfältig hält, dann ist dies lediglich seine Meinung.

Wenn ein Dritter nicht auf Ihr Gesprächsangebot eingeht, dann ist er im Augenblick nicht an einem Gespräch interessiert. Ob das an Ihnen oder an ihm liegt, wissen Sie nicht. Ob er nicht später oder zu einem anderen Zeitpunkt Interesse an Ihnen haben wird, wissen Sie auch nicht. Sein Interesse an Ihnen ist abhängig von seiner Vorerfahrung, seinen Erwartungen und seiner momentanen Stimmung. Sie sollten also nicht folgern, daß es eine Tatsache ist, daß Sie ablehnenswert seien.

5. Akzeptieren Sie Ihre Fehler und unterlassen Sie es, sich dafür zu kritisieren und zu verurteilen.

Solange Sie leben, werden Sie Fehler machen. Auch wenn Sie sich damit schaden, auch wenn ein bestimmtes Verhalten in einer bestimmten Form besser für Sie gewesen wäre, Sie waren in dem betreffenden Augenblick nicht in der Lage, sich anders zu verhalten.

Auch wenn es schön für Sie gewesen wäre, ein Gespräch zu beginnen, haben Sie es dieses Mal nicht geschafft, weil Sie sich zu viel Angst davor gemacht haben. Sie sind Ihrem alten Programm gefolgt.

Statt sich dafür zu verurteilen, sollten Sie überlegen, ob Sie den Fehler korrigieren, wiedergutmachen und wie Sie ihn in Zukunft vermeiden können. Wenn Sie Fehlerlosigkeit von sich fordern, werden Sie immer wieder von sich enttäuscht sein, da dies hier auf Erden nicht möglich ist.

6. Vermeiden Sie übertriebene Schlußfolgerungen in bezug auf Ihre Person.
Übertriebene Schlußfolgerungen führen nur dazu, daß Sie sich minderwertig fühlen und immer unsicherer werden. Wenn Sie ein Gespräch einmal nicht in Ihrem Sinne geführt haben, heißt das nicht, daß es in der Zukunft immer so sein wird. Wenn Sie als Kind menschenscheu waren, heißt das nicht, daß Sie es immer sein müssen. Wenn Sie einmal auf Ablehnung gestoßen sind, heißt das nicht, daß Sie immer abgelehnt werden. Wenn Sie in einem Gespräch den Faden verloren haben, müssen Sie nicht auch in Zukunft immer wieder den Faden verlieren.

7. Vermeiden Sie übertriebene Schlußfolgerungen in bezug auf andere Menschen.
Viele Menschen greifen zu überzogenen Verallgemeinerungen auf der Grundlage einer extrem begrenzten Auswahl. Werden sie z.b. von einer Person abgewiesen, folgern sie, daß alle Männer oder Frauen nichts taugen oder daß es ihnen unmöglich ist, jemals wieder eine befriedigende Beziehung einzugehen. Würden sie es sich erlauben, genügend Leute auszuwählen, würden sie mit großer Wahrscheinlichkeit jemanden finden, der ihnen ebenso oder besser gefiele und der ihr Vertrauen eher verdient hätte als der, den sie ursprünglich auswählten.

Stellen Sie sich deshalb immer wieder die prüfende Frage: Woher weiß ich das? Stimmt das wirklich?

8. Zeigen Sie Ihre Gefühle und Ihre Meinung, auch wenn es anderen vielleicht nicht gefällt.
Sie können dabei erleben, daß Sie es aushalten können, nicht bei jedem Menschen anzukommen. Außerdem können Sie auch erfahren, daß Sie ankommen, obwohl Sie dies nicht vermutet haben.
Geben Sie das Ziel auf, von jedem gemocht werden zu wollen. Erstens werden Sie es nie erreichen, von jedem zu jeder Zeit gemocht zu werden. Und zweitens, würden Sie es je erreichen, müßten Sie Angst haben, die Zustimmung wieder zu verlieren.

9. Lesen Sie folgenden Text täglich durch oder sprechen Sie ihn sich auf eine Kassette:
„Ich bin bereit, mich so zu akzeptieren, wie ich bin - mit all meinen Stärken und Schwächen, die ich habe. Ich habe den Mut auf andere zuzugehen und ein Gespräch zu beginnen. Es ist für mich ein Experiment. Ich signalisiere Kontaktbereitschaft. Was der andere dann daraus macht, ist seines. Wir können beide gewinnen, indem wir entdecken, daß wir uns etwas zu sagen haben. Vielleicht finden wir Gemeinsamkeiten, die so tragfähig sind, daß wir Freunde werden. Vielleicht vertreiben wir uns aber auch nur ein wenig die Zeit und gehen dann auseinander.

Ich kann auch damit umgehen, wenn mein Gegenüber im Augenblick kein Gespräch mit mir führen will. Vielleicht ist er heute überhaupt nicht gesprächig, hat generell schlechte Erfahrungen mit Gesprächen gemacht, hat selbst Angst, hat viele Vorurteile gegenüber Menschen, ist müde oder hat andere Sorgen. Es sind seine Erfahrungen und Erwartungen, die ihn an einem Gespräch hindern, nicht ich. Es ist schade, wenn er sich nicht einläßt, doch ich kann damit leben. Es gibt noch viele andere Menschen, zu denen ich Kontakt aufnehmen kann. Auch ich bin nicht zu jeder Zeit und nicht für jeden Menschen offen.

Verhalte ich mich in einem Gespräch nicht so, wie ich es mir wünsche, kommt plötzlich Stille auf oder beginne ich zu stottern, dann akzeptiere ich das. Dies ist eine menschliche Re-

aktion bei Anspannung. Wenn mein Gegenüber deshalb schlecht von mir denkt, so ist das nur seine Meinung. Wenn unsere Unterhaltung plötzlich stockt, dann tragen wir beide, mein Gesprächspartner und ich, die Verantwortung dafür. Es ist ganz normal, daß sich manche Menschen nicht so viel zu sagen haben oder das Gespräch mal an einem heiklen Punkt oder in der Sackgasse endet".

Sie können sich auch Ihren eigenen Text erstellen, indem Sie sich im Anhang, Teil B diejenigen Gedanken heraussuchen, die Sie in der Kontaktaufnahme blockieren. Unter jedem blockierenden Gedanken finden Sie den hilfreichen Text. Indem Sie diese einzelnen Teilchen aneinanderreihen, erhalten Sie einen ganz individuell auf Sie zugeschnittenen Text. Sie können ihn dann ebenfalls auf Band sprechen oder ihn sich möglichst täglich durchlesen.

10. Weitere hilfreiche Strategien zum Aufbau Ihres Selbstvertrauens finden Sie in dem Buch von Rolf Merkle: So gewinnen Sie mehr Selbstvertrauen.

Und noch zwei Denkanstöße zum Schluß: Wenn 60% einen amerikanischen Präsidenten positiv beurteilen, hält man ihn für ungewöhnlich populär. Das bedeutet aber auch, daß immer noch vier von zehn Bürgern ihn oder das, was er tut, nicht mögen.

Nicht einmal Jesus schaffte es, von allen akzeptiert zu werden. Warum haben Sie sich also dieses Ziel gesetzt?

Mißerfolg ist der Preis, den Sie für den Erfolg zahlen.

Kapitel 10
So signalisieren Sie mit Ihrer Körpersprache Gesprächsbereitschaft

Nonverbale und verbale Botschaften müssen übereinstimmen, damit wir beim anderen gut ankommen können. Widersprechen sie sich, glaubt unser Gesprächspartner fast immer den nonverbalen Botschaften.

Nehmen wir zum Beispiel Frau Z. Sie war sehr wortgewandt, doch selten in der Lage, ein Gespräch länger als einige Minuten in Gang zu halten. Auf ihren Vorschlag hin beobachteten wir, wie sie sich bei einer Veranstaltung anderen gegenüber verhielt. Wir bemerkten, daß sie immer leicht lächelte und die Arme verschränkte, wenn sie einen Mann oder eine Frau ansprach oder selbst angesprochen wurde. Während des Gesprächs nickte sie selten und betrachtete viel öfter die anderen Gäste als die Person, mit der sie gerade sprach. Obwohl Frau Z. mit ihren Worten ausdrückte: „Ich mag Sie. Ich möchte Sie kennenlernen", signalisierte ihr Körper: „Gehen Sie weg. Ich bin gelangweilt und fühl' mich unbehaglich".

Wenn Sie aktiv auf andere zugehen wollen, sollten Sie deshalb auch auf Ihr nonverbales Verhalten achten und es üben. Mit den geeigneten nonverbalen Botschaften können Sie Ihren Wunsch nach Kontakt unterstreichen und so eine erfolgreiche Kontaktaufnahme herbeiführen. Gehen wir also nun die wichtigsten nonverbalen Bereiche noch einmal im einzelnen durch.

Blickkontakt:
dem Gegenüber einen Blick zuwerfen

Blickkontakt ist das wichtigste Instrument, das Sie besitzen, um Ihr Interesse an anderen kundzutun. Wenn Sie es bisher nicht gewöhnt waren, anderen Menschen direkt in die Augen zu schauen, dann sollten Sie sich jetzt an die Übung machen.

1. Nehmen Sie mit dem Menschen Blickkontakt auf, den Sie gerne ansprechen möchten.

2. Schauen Sie Ihren Gesprächspartner während des Gesprächs an. So vermitteln Sie ihm, daß Sie es ehrlich meinen und mit ihm sprechen möchten. Wenn Sie ihm eine freundschaftliche Beziehung signalisieren möchten, dann lenken Sie Ihren Blick innerhalb eines Dreiecks zwischen den Augen und dem Mund hin und her. Sie brauchen nicht immer genau in die Augen zu sehen.

3. Während des Gesprächs sollten Sie ungefähr die Hälfte der Zeit Blickkontakt zum Gegenüber pflegen.

4. Wenn Sie das Wort haben und es nicht abgeben wollen, während Sie Ihre Gedanken ordnen, sollten Sie den Blickkontakt meiden. Wenn Sie ausgeredet haben, wird Ihr Blick zu verstehen geben, daß Sie auf eine Antwort warten.

5. Rechnen Sie damit, daß Sie sich zunächst unwohl fühlen und sogar den Eindruck haben, aufdringlich und unhöflich zu sein.

6. Den meisten Menschen ist der Blickkontakt nicht unangenehm. Sie fühlen sich lediglich von einem Anstarren irritiert. Dies können Sie dadurch vermeiden, daß Sie die Augen zwischen dem Dreieck Mund und Augen hin und herschweifen lassen.

7. Bewerten Sie es als Interesse, wenn andere Menschen Ihnen in die Augen schauen. Sie haben es verdient.

Mimik:
ein Lächeln aufsetzen

Wann haben Sie sich zuletzt beim Lächeln beobachtet? Nur wenige lächeln überhaupt, wenn sie in den Spiegel schauen. Daher wissen viele nicht, daß andere ihr Lächeln gar nicht als solches wahrnehmen. In einem Leserbrief erzählte uns Herr V., welche Erfahrungen er mit seinem Lächeln gemacht hatte:

„In der Firma lief ich immer mit einem Lächeln herum, das ich mein „wohlwollend distanziertes Lächeln" nannte. Es sollte den anderen zeigen, daß ich freundlich und umgänglich, aber nicht besonders auf ihre intensive Bekanntschaft erpicht war. Mein Lächeln löste nie positive Reaktionen aus, und deshalb kam ich zu dem Schluß, daß ich nicht besonders gut aussah und die Firma der unfreundlichste Ort auf Erden war. Nach einer Weile lächelte ich dort so gut wie überhaupt nicht mehr.

Eines Tages setzte sich in meinem Stammlokal die Kellnerin zu mir und wollte wissen, weshalb ich sie immer so traurig ansehe. Ich war bestürzt, versuchte aber ihre Frage mit einem Lachen und der Bemerkung, ich sei ein Jünger von Kafka und Woody Allen, abzutun. Aber noch am gleichen Nachmittag bestätigte ein schneller Blick in den Spiegel, was sie gesagt hatte. Meine Lippen bogen sich kaum nach oben, und unter den Augen bildeten sich keine Lachfältchen. Und diese Falten sind es gerade, die einem Lächeln Wärme geben. Mein „wohlwollend distanziertes Lächeln" gab mir ein unverkennbar düsteres Aussehen. Kein Wunder, daß die anderen mich nicht beachtet hatten. Sie hatten geglaubt, ich habe kein Interesse an ihnen, und deshalb gingen sie verständlicherweise ihrer Wege. Und ich hatte gedacht, sie seien an mir nicht interessiert, und verhielt mich schließlich wie sie.

Als ich erst einmal die Situation begriffen hatte, begann ich mein Lächeln vor dem Spiegel zu üben und probierte es dann in der Praxis aus. Die Reaktionen, die ich erhielt, waren auffällig positiver. Ich legte es jetzt darauf an, jeden in der Firma anzulächeln - und es klappte. Über die Hälfte der Kollegen erwiderte mein Lächeln. Ich fühlte mich wie jemand, der bei einem Festessen fast verhungert war. All diese Herzlichkeit - die ganze Zeit war sie dagewesen, aber erst ein Lächeln hatte sie zum Vorschein gebracht.

Haben Sie Lust bekommen, in die Fußstapfen von Herrn V. zu treten, und sein Verhalten nachzuahmen? Auch Stewardessen und Japanerinnen trainieren das Lächeln. Warum nicht auch Sie? An die Arbeit.

Wie Sie Ihrer Umgebung ein Lächeln schenken

1. Schauen Sie zuhause in den Spiegel und üben Sie, jemanden zu begrüßen und dabei zu lächeln.
   Sie können sich dabei vorstellen, daß Sie jemandem begegnen, der Ihnen sehr sympathisch ist. Spüren Sie, wie sich Ihr Lächeln und Ihr Mund anfühlen. Es sollte weder ein starres Grinsen noch ein entschuldigendes Lächeln herauskommen. Erinnern Sie sich daran, daß ein Lächeln und ein freundlicher Gesichtsausdruck die wichtigsten Hinweisreize für Kontaktbereitschaft sind.
   Auch wenn Ihnen nicht nach Lächeln zumute ist oder es Ihnen zunächst sehr aufgesetzt und künstlich vorkommt, bewirkt es etwas in Ihrer Stimmung und in Ihrer Umgebung. Sie und Ihr Gegenüber werden sich besser fühlen.

2. Sie können auch mit geschlossenen Lippen lächeln.
   Ziehen Sie hierzu die Mundwinkel leicht zur Seite. Automatisch werden dadurch die Augen offener und größer. Ein Lächeln mit geschlossenen Lippen wirkt nicht unecht oder aufgesetzt.

3. Achten Sie darauf, daß Ihre Gesichtsmuskulatur entspannt ist. Vielleicht bemerken Sie gar nicht, daß Ihr Gesicht fast immer angespannt ist und damit unnahbar wirkt. Spüren Sie jetzt gleich einmal in Ihr Gesicht hinein. Ist die Stirn voller Falten, beißen Sie die Zähne aufeinander, ziehen Sie

die Augenbrauen zusammen? Dann ist es an der Zeit, ein bißchen Gesichtsgymnastik zu betreiben. Ein entspanntes Gesicht wirkt gleich sympathischer.

Stellen Sie sich öfter einmal vor, wie alle Spannung aus Ihrem Gesicht entweicht. Sie können sich dabei Ihr Gesicht wie eine geballte Faust vorstellen, die sich langsam öffnet. Um zu einer Entspannung zu gelangen, können Sie auch bewußt zwischen Anspannung und Entspannung abwechseln. Spannen Sie Ihr Gesicht zunächst vollkommen an, indem Sie die Stirn runzeln, die Augen zusammenpressen und die Zähne aufeinanderbeißen, und dann lassen Sie alles locker und streichen mit Ihren beiden Händen die Spannung aus dem Gesicht.

4. Machen Sie sich bewußt, daß Ihr fehlendes Lächeln viele mögliche Kontakte verhindern kann.
Z.B. lächeln Sie eine junge Frau aus Angst nicht an, sondern schauen weg. Die junge Frau wiederum interpretiert dies als Desinteresse von Ihnen und zieht sich zurück.

Persönlicher Bereich: einen angemessenen Abstand wählen

Ganz automatisch stellen oder setzen Sie sich auf Festen in einem ganz bestimmten Abstand zu anderen Menschen. Zu starke Nähe kann von unserem Gegenüber als Respektlosigkeit, Zudringlichkeit, Vereinnahmung und Aggression gewertet werden. Zu großer Abstand kann als Ablehnung, Mißtrauen und Feindseligkeit empfunden werden.

Herr F., ein Seminarteilnehmer, beklagte sich beispielsweise bei uns, daß sowohl seine Kunden als auch seine Nachbarn in seiner Gegenwart nervös wirkten und zurückwichen, wann immer er mit ihnen sprach. Versuchte er, wieder eine für sich angenehme Distanz herzustellen, wichen sie erneut zurück. Fünfmal am Tag habe er seinen Mund mit Mundwasser gespült, es habe aber überhaupt nichts gebracht, fügte er hinzu. Bei einem Rollenspiel stellte sich heraus, daß Herr F. sich zu nahe an sein Gegenüber heranwagte. Die Nähe, die er bei geselligen und geschäftlichen Begegnungen als angenehm empfand, war für seine Gesprächspartner zu intim. Durch Übung lernte er, einen Abstand von einem guten Meter einzuhalten und es den anderen zu überlassen, wo sie stehen wollten.

Worauf Sie bei der Einnahme Ihrer räumlichen Position achten sollten

1. Beginnen Sie damit, sich erst einmal bewußt zu beobachten. Welchen Abstand nehmen Sie zu Freunden, Kollegen und unbekannten Menschen ein? Ab wann fühlen Sie sich unwohl? Vergleichen Sie Ihren gewahrten Abstand mit dem kontaktfreudiger Menschen.

2. Experimentieren Sie mit dem Abstand zu anderen Menschen. Suchen Sie nach einer räumlichen Distanz, bei der Sie sich wohl fühlen. Achten Sie dabei darauf, daß der andere sich auch wohl fühlt. Wenn er zurückweicht, unruhig auf seinem Stuhl hin und her rutscht, die Arme vor der Brust verschränkt, die Beine übereinanderschlägt, ist dies möglicherweise ein Signal, daß Sie ihm in diesem Augenblick zu nahe getreten sind. Kommt er Ihnen näher, ist dies oft ein Zeichen, daß er sich in Ihrer Nähe wohl fühlt.

3. Verkriechen Sie sich auf Veranstaltungen und Festen nicht hinter Säulen bzw. isolieren Sie sich nicht. Bewegen Sie sich langsam mehr aufs Zentrum zu, bis Sie sich schließlich auch mitten in der Masse wohl fühlen.

4. Begeben Sie sich auf die gleiche Höhe, sofern Sie mit einem Menschen ins Gespräch kommen wollen, der die gleiche soziale Position hat. Wenn er steht, bleiben Sie auch stehen. Sitzt er, setzen Sie sich ebenfalls hin.

Körperhaltung:
eine lockere Haltung einnehmen

Ihre Körperhaltung kann Distanz schaffen oder andere Menschen anziehen. Versuchen Sie aus Ihren altgewohnten Körperhaltungen auszubrechen und neues Verhalten zu erproben. Sie erinnern sich an die 5 Schritte des Umlernens (siehe Kap. 6)? Insbesondere bei der Veränderung Ihrer Körperhaltung werden Sie mit widersprüchlichen Signalen in Ihrem Körper rechnen müssen. Sie werden sich anfangs sehr unwohl fühlen in einer neuen Körperhaltung und außerdem häufig in die alte Haltung zurückfallen. Das ist ganz normal!

Wie Sie dem anderen Kontaktbereitschaft mit Ihrer Körperhaltung signalisieren können

1. Beginnen Sie damit, sich Ihre grundsätzliche Körperhaltung bewußtzumachen. Stellen Sie sich - wenn möglich - vor einen Ganzkörperspiegel und nehmen Sie die Haltung ein, die Sie gewöhnlich haben, wenn Sie unter Menschen sind. Wie stehen Ihre Füße auf dem Boden? Haben Sie eher hängende Schultern? Ziehen Sie das Genick ein? Lassen Sie den Kopf nach vorne hängen? Überlegen Sie sich, wie würden Sie einen Menschen beurteilen, der mit dieser Körperhaltung auf Sie zugeht? Experimentieren Sie damit, wie Sie sich halten würden, wenn Sie ganz überzeugt von sich und selbstsicher wären. Gibt es Menschen, deren Haltung Sie nachahmen könnten?

2. Zeigen Sie beim Sitzen eine offene Körperhaltung: die Arme sind dabei unverschränkt, die Beine sind leicht geöffnet dem anderen zugewandt oder übereinandergeschlagen in Richtung auf Ihren Gesprächspartner. Achten Sie auch darauf, daß die Fußsohlen beide auf dem Boden etwa schulterbreit auseinander ruhen, wenn Sie die Beine nicht übereinandergeschlagen haben. Sie sorgen quasi dafür, ausreichend Boden unter den Füßen zu haben.

3. Im Stehen haben Sie eine positive Ausstrahlung, wenn Sie eine aufrechte Körperhaltung einnehmen, den Kopf heben, die Hände ruhig nach unten hängen und fest mit beiden Beinen auf dem Boden stehen.

4. Wenden Sie sich dem anderen direkt zu, statt ihm „die kalte Schulter zu zeigen".

5. Beugen Sie sich vor in Richtung Ihres Gesprächspartners. Damit zeigen Sie, daß Sie ihn besonders schätzen und sich voll auf das, was zwischen Ihnen beiden abläuft, einlassen. Wenn Sie mit zwei Gesprächspartnern sprechen, wird sich wahrscheinlich Ihr Oberkörper dem einen und Ihr Unterkörper dem anderen zuwenden.

6. Beobachten Sie die Körperhaltung Ihres Gesprächspartners. Sie wird Ihnen einen guten Hinweis auf seine Gefühle geben. Wenn Sie zum Beispiel mit jemandem ein Geschäft abschließen oder ihn einladen wollen, empfiehlt es sich zu warten, bis der andere eine offene Haltung eingenommen hat. Das bedeutet wahrscheinlich, daß er sich entspannt fühlt und für Ihre Vorschläge empfänglicher ist.

7. Ahmen Sie die Körperhaltung Ihres Gesprächspartners nach. Jüngste Untersuchungen zeigen: Wenn wir uns der Haltung des Gesprächspartners anpassen oder uns so verhalten, als seien wir sein Spiegelbild, können wir ein enges Verhältnis zu ihm herstellen. Wir können sogar seine Gefühle besser verstehen, indem wir seine Körperhaltung einnehmen.

Nicken: Zustimmung geben

Wenn Sie in einem Gespräch häufig nicken, bestärken Sie Ihren Gesprächspartner darin, mit dem Gespräch fortzufahren.

Sie drücken hierdurch Ihr Interesse und Ihr Einverständnis aus. Verwenden Sie deshalb das Nicken auf keinen Fall sparsam. Es kostet nichts und ist sehr wirkungsvoll.

- Ein einfaches Nicken signalisiert Zustimmung.
- Wiederholtes schwächeres und langsameres Nicken signalisiert ganz allgemein Verständnis und kann andere zu einer ausführlichen Äußerung ermuntern.
- Wiederholtes schnelleres Nicken signalisiert, daß Sie das Gesagte verstehen, es billigen und den anderen nicht unterbrechen möchten.

Gestik und Berührung: mit Gesten unterstützen

Auch hier ist es wichtig, erst einmal seine Beobachtung zu schärfen. Kennen Sie Ihre typischen Gesten, die Sie bei Unsicherheit zeigen? Es ist schon viel gewonnen, wenn Sie sie kennen und immer mal wieder Ihr Augenmerk darauf richten. Alteingefahrene Gesten kann man nur ausmerzen, wenn man sie immer wieder korrigiert.

Wie Sie mit Ihrer Gestik beim anderen Interesse wecken

1. Achten Sie darauf, daß Sie die Hände nicht vor dem Körper verschränken, nervös mit einem Gegenstand oder an Ihrem Körper herumspielen. Lassen Sie die Hände beispielsweise in Ihrem Schoß oder auf Ihren Oberschenkeln ruhen. Nach oben gerichtete Handflächen signalisieren besonders viel Offenheit und Kontaktbereitschaft.

2. Nutzen Sie die Hände, um Ihre Worte zu unterstreichen.

3. Die Geste des Händeschüttelns kann als reine Routine angesehen werden, aber auch als Ausdruck von Herzlichkeit

und Nähe. Möchten Sie jemandem noch mehr Herzlichkeit zeigen, sollten Sie beim Händedruck Ihre linke Hand
auf die rechte der anderen Person legen.

4. Wenn Sie nicht einschätzen können, ob Ihrem Gegenüber
eine Umarmung angenehm ist, aber ihn selbst gerne umarmen möchten, können Sie sich mit folgender Vorgehens-
weise vortasten:
Wenn Sie sich der Person, die Sie umarmen möchten,
nähern, sollten Sie die rechte Hand ausstrecken und ihr
die Hand schütteln, während Sie die linke Hand auf ihre
rechte Schulter legen und sich nähern. In neun von zehn
Fällen wird sie, wenn Sie nach ihrer Schulter fassen, ihren
linken Arm um Ihre Taille legen, das Händeschütteln sein
lassen und Sie umarmen. Sollte dies nicht geschehen, sollten Sie ihr einfach weiter die Hand schütteln und ihr die
Schulter tätscheln. Sie haben damit nichts verloren. Sie
haben den Versuch gewagt. Weshalb die andere Person
nicht auf Ihr Angebot reagiert hat, kann viele Gründe haben. Z.B.: Sie ist es nicht gewöhnt, körperliche Nähe zuzu-
lassen. Sie hat Angst, daß Sie dann falsch über sie denken
könnten. Sie hat Angst, daß Sie dann noch mehr von ihr
wollen. Sie lehnt ihren Körper ab und will nicht, daß andere ihn berühren. Sie glaubt, Mundgeruch zu haben, ist
verschwitzt, hat einen eifersüchtigen Partner, der zusieht.
Sie will von anderen nicht in einer solch vertraulichen Position gesehen werden. Sie glaubt, daß sie die Umarmung
nicht verdient.

Sprechweise:
etwas angenehm zu Gehör bringen

1. Auch hier gilt: Sie können bei Ihrem Gesprächspartner
das Gefühl des Verstandenseins hervorrufen, wenn Sie
sich der Ausdrucksform seiner Stimme anpassen. Sie können Tonlage, Lautstärke, Rhythmus, Tempo oder Dialekt

nachahmen. Das Spiegeln der Stimme kann den Kontakt entscheidend verbessern. Spricht Ihr Gesprächspartner beispielsweise sehr ruhig und langsam, können sie ebenfalls langsamer sprechen.

2. Wenn Sie noch unsicher sind, wie Ihre Stimme wirkt, können Sie auch einmal eine Tondbandaufzeichnung machen. Doch Vorsicht: Den meisten Menschen gefällt ihre Stimme beim ersten Anhören überhaupt nicht. Sie müssen sich erst daran gewöhnen, die Stimme wie eine fremde Stimme von außen zu hören, während sie sie gewöhnlich über ihre Ohren und durch ihren Körper hindurch wahrnehmen. Achten Sie beim Anhören der Kassette auf: die Sprechhöhe, das Sprechtempo, die Lautstärke und die Sprechdeutlichkeit. Sie können selbst daran arbeiten, Ihre Stimme zu verbessern, oder aber Kontakt zu einem Atem- und Sprechtherapeuten aufnehmen.

Selbstverständlich spielt die innere Einstellung zu uns selbst auch bei dem Gebrauch unserer Stimme eine entscheidende Rolle. Wer sich selbst ablehnt oder für minderwertig hält, wird sich auch nur schwer getrauen, „etwas von sich hören zu lassen". Vielleicht sollten Sie unter diesem Aspekt nochmals zu Kapitel 9 zurückblättern?

Äußere Erscheinung: einen guten Eindruck machen

Wir kleiden uns meist situationsbezogen. Für zuhause bevorzugen wir die Gammelkleidung, im Büro oder bei Veranstaltungen den „Bürolook".

Mit unterschiedlicher Kleidung werden wir unterschiedliche Botschaften aussenden und auch unterschiedliche Menschen anziehen. Unser Äußeres wird bei unserem Gegenüber Assoziationen zu unserer Persönlichkeit, unserer beruflichen Position, unserem finanziellen Hintergrund, etc. wecken.

1. Überlegen Sie deshalb genau, wie Sie bei Ihrem Gegenüber ankommen möchten. Hinterlassen Sie mit Ihrem Äußeren den gewünschten Eindruck? Sind Ihre Kleidung, Ihre Frisur, Ihr Schmuck dazu angetan, diesen Eindruck zu vermitteln? Sicher entscheidet Ihr Gegenüber letztendlich darüber, wie Sie tatsächlich bei ihm ankommen. Doch gibt es Kleidung und Farben, die bei den meisten Menschen eine ähnliche Reaktion auslösen. Wenn Sie sich ganz unsicher bzgl. der Wirkung Ihrer äußeren Erscheinung sind, können Sie auch einmal eine Farb- und Stilberaterin aufsuchen. Adressen hierzu finden Sie im örtlichen Telefonbuch. Es geht dabei nicht darum, Sie in ein Model zu verwandeln oder Ihren Stil völlig umzukrempeln. Ziel ist es dabei, Ihre Persönlichkeit durch Ihre äußere Erscheinung zu unterstreichen. Eine Untersuchung in den USA ergab beispielsweise, daß 35% der Frauen und 29% der Männer zuallererst auf die Kleidung achten.

2. Achten Sie darauf, daß Kleidung und Ausstrahlung zusammenpassen. Wenn Sie ein eher zurückhaltender Mensch sind, sollten Sie sich nicht im schrillen Szene-Outfit unters Volk mischen. Andererseits sollten Sie auch nicht so zögerlich sein und sich in Mausgrau kleiden, sodaß Sie überall untergehen und signalisieren: „Ich bin unwichtig. Bitte überseht mich einfach".

3. Wenn Sie mit neuen Farben und Schnitten experimentieren, werden Sie auch wieder mit der 3. Stufe des Umlernens zu kämpfen haben. Beispielsweise könnten Sie sich beim Tragen einer neuen oder kräftigeren Farbe wie ein „herausgeputzter Pfau" vorkommen. Ein kürzerer Rock könnte in Ihnen den Eindruck hervorrufen, „vulgär" zu sein oder wie eine „Modepuppe" umherzulaufen. Sie müssen sich erst an den Anblick gewöhnen und auch die innere Einstellung: „Das kann ich tragen. Ich darf auch etwas auffallen. Andere dürfen mich anschauen", entwickeln.

Wie Sie mit Ihrer Körpersprache Sympathie ausdrücken

In seinem Buch „Making Contact" schlägt Arthur Wassmer die LABSAL-Methode vor. Sie faßt zusammen, was Sie tun müssen, wenn Sie anderen zeigen möchten, daß Sie entspannt sind, sich wohl fühlen, sie gern sehen oder die Freundschaft vertiefen möchten. Jeder Buchstabe des Wortes LABSAL steht für eines der folgenden nonverbalen Schlüsselsignale:

L: Lächeln
A: Aufgeschlossene Haltung
B: Blickkontakt
S: Sich vorbeugen
A: Anfassen
L: Leicht nicken

Falls Sie bisher eher zurückhaltend waren, mag Ihnen das LABSAL-Verhalten zu aufdringlich erscheinen.

Frau B. übte z. B. im Seminar das LABSAL-Verhalten in einem Rollenspiel mit einer anderen Frau. Obwohl sie anfangs gehemmt wirkte, begann sie nach etwa zehn Minuten die damit verbundenen verschiedenen Fertigkeiten recht gut zu beherrschen. Nach der Übung erklärte sie: „Das hat Spaß gemacht. Aber wenn ich mich je im wirklichen Leben so verhielte, würde man denken, ich sei aufdringlich." Die anderen Teilnehmer waren einhellig anderer Meinung. Sie sagten ihr, sie sei in ihren Augen nicht aufdringlich gewesen, sondern eher eine selbstbewußte Person, die ihre Freude über die Situation und ihre Partnerin ziemlich gut verdeutlichen konnte.

Ein letzter Punkt: Das LABSAL-Verhalten hilft Ihnen nicht nur, Ihr Interesse und Ihre Zuneigung für andere auszudrücken, sondern es hat noch einen weiteren Vorteil: Wenn Sie nach außen hin ein Gefühl zeigen, werden Sie es mit der Zeit auch innerlich spüren. Das „So tun, als ob ... Verhalten" führt dazu, daß sich Ihr innerlicher Gefühlszustand Ihrem Verhalten anpaßt. Wenn Sie lächeln, werden Sie sich bald auch zufriedener fühlen. Wenn Sie eine offene Körperhaltung einnehmen, werden Sie sich bald offener für ein Gespräch fühlen; wenn Sie sich vorbeugen, wird der gegenseitige Austausch intensiver; und so fort.

Alarmsignale unseres Gegenübers

Ihr Gesprächspartner teilt Ihnen durch seine Körpersprache ebenfalls wichtige Informationen mit. Sie können sie als Hinweis nehmen, ob Ihr Gegenüber überhaupt an einer Unterhaltung interessiert ist und/oder sich weiter mit Ihnen unterhalten will. Wie bereits gesagt, sind Körpersignale keine hundertprozentig sicheren Hinweise auf die Gefühle und Einstellungen Ihres Gegenübers, aber sie sollten auch nicht übergangen werden.

Vor dem Gespräch: Signale, die eher auf Desinteresse oder aber große Unsicherheit hinweisen:

Ihr Gegenüber
- unterhält sich intensiv mit einer anderen Person, die Köpfe stecken eng zusammen, sie stehen sich unmittelbar gegenüber.
- zeigt keinen Blickkontakt und kein Lächeln.
- zeigt eine Ihnen abgewandte Körperhaltung.
- verschränkt seine Arme vor der Brust oder hält einen Gegenstand als Barriere vor sich.
- Seine Füße deuten in die Ihnen entgegengesetzte Richtung.

Alarmsignale während der Unterhaltung können sein:

- Ja, aber ... Kommentar und eine angespannte Körperhaltung

- Sein Blick wandert im Raum umher, wendet sich ab.
- Er weicht dem Blickkontakt aus oder schaut durch uns hindurch.
- Er schüttelt den Kopf.
- Er setzt sich zurück.
- Er wendet den Körper ab.
- Er verschränkt die Arme.
- Er fällt ins Wort.
- Er blickt auf die Uhr.
- Er rutscht unruhig auf dem Stuhl hin und her.
- Das Verhalten stimmt nicht mit den Worten überein.
- Er ist unkonzentriert.

Durch solche Verhaltensweisen können wir oder unser Gegenüber den Kontakt abbremsen.

Vielleicht ist Ihnen im Verlauf des Kapitels der Einwand gekommen: „Worauf soll ich denn noch alles achten. Das kriege ich doch nie geregelt!".
Dann machen Sie erst einmal langsam. Zunächst einmal geht es für Sie darum, sich darin zu schulen, auch die Körpersprache Ihres Gegenübers bewußt im Auge zu behalten. Das gelingt natürlich nicht immer, denn dann kämen Sie in eine reine Beobachtungsposition hinein und Ihre Spontaneität ginge verloren. Am ehesten gelingt es Ihnen sicher noch zu dem Zeitpunkt, wo Sie sich erst nach einem möglichen Gesprächspartner umschauen.
Während des Gesprächs genügt es, wenn Sie ab und zu bewußt auf die Körpersprache achten. Erkennen Sie einen der o.g. Hinweise, sollten Sie das bei Ihren sprachlichen Reaktionen berücksichtigen. Auch das Gefühl, daß etwas nicht stimmt oder nicht so gut läuft, kann auf die Körpersprache Ihres Gesprächspartners zurückzuführen sein. Unbewußt nehmen wir sehr viel mehr wahr und bekommen auch entsprechende warnende Gefühle in unserem Körper. Häufig deutet ein ungutes Gefühl während des Gesprächs auf einen Widerspruch zwischen nonverbalen und verbalen Botschaften hin.

Kapitel 11
So bereiten Sie sich gedanklich auf den ersten Schritt vor

Inzwischen haben Sie - so hoffen wir - schon begonnen, Ihr Selbstvertrauen zu stärken und mit den Körpersignalen zu experimentieren. Doch wollen Sie sicher auch gerne bald zur Tat schreiten und neue Menschen kennenlernen. Hierzu benötigen Sie noch ein paar Strategien, die Sie unmittelbar auf Ihr Ziel zuführen.

Bisher haben Sie sich vor dem Zeitpunkt X, an dem Sie jemand anderen ansprechen wollten, wahrscheinlich in sehr viel Anspannung und Angst versetzt. Sie waren vielleicht bisweilen so stark angespannt, daß Sie „einen Blackout" hatten und nicht einmal noch Ihren Namen zusammenbekamen. Deshalb wollen wir uns jetzt damit befassen, wie Sie Ihre Anspannung vor einem Gespräch abbauen und sich in eine kreative Stimmung versetzen können.

Wir wollen dafür gezielt die Fähigkeit unseres Gehirns, durch Vorstellung zu lernen und alte Gedanken-Programme zu löschen, einsetzen (s. hierzu auch die Kap. 4 und 6).

So nutzen Sie die Macht positiver Phantasien

Nehmen wir an, Sie nehmen sich vor, heute Abend ins Kino zu gehen und eine Ihrer Sitznachbarinnen anzusprechen. Bereits in dem Augenblick, in dem Sie diesen Vorsatz fassen, werden Sie wahrscheinlich wieder Ihr Panikprogramm hören und Ihren Katastrophenfilm sehen. Je näher der Kinobeginn rückt, um so stärker werden Ihre Ängste. All die negativen Gedanken, die Sie sich bisher gemacht haben, werden Ihnen ins Bewußtsein kommen und Sie „warnen" wollen. Dies kommt automatisch und wir wollen nun aktiv ein neues Programm dagegenhalten: die positive Vorstellung.

Beginnen wir zunächst damit, die Situation, Gedanken und Gefühle in einem ABC der Gefühle zu beschreiben:

A: Situation
Ich sitze im Kino. Rechts und links neben mir sitzen zwei Frauen.

B: Bewertung
Was denken die wohl von mir, wenn ich sie einfach so anspreche. Bestimmt nichts Gutes. Das kann ich nicht machen. Die werden bestimmt nicht an einem Gespräch mit mir interessiert sein und gar nicht auf meine Fragen eingehen.

C: Gefühle, Verhalten und Körperreaktionen
Angst, Anspannung, Schwitzen, schaue geradewegs auf die Leinwand, spreche keine der beiden Frauen an.

Überprüfen Sie nun Ihre Bewertungen mit den vier Fragen:

1. Woher weiß ich, daß meine Nachbarinnen schlecht über mich denken werden, nicht an einem Gespräch mit mir interessiert sind und nicht auf meine Fragen eingehen werden? Ich weiß es nicht. Es ist lediglich eine Annahme, die ich überprüfen sollte.

2. Wie wahrscheinlich ist es, daß meine Nachbarinnen schlecht über mich denken werden, nicht an einem Gespräch mit mir interessiert sind und nicht auf meine Fragen eingehen werden? Ich weiß es nicht. Das ist aber eher unwahrscheinlich. Wenn sie auch alleine kommen, sind sie

vielleicht sogar froh über ein kurzes Gespräch.

3. Was wäre das Schlimmste, was passieren könnte? Bin ich in Lebensgefahr? Wie kann ich damit umgehen? Das Schlimmste wäre, daß sie tatsächlich nicht mit mir sprechen und schlecht über mich denken. Damit kann ich leben, denn ich sehe sie wahrscheinlich nie mehr wieder.

4. Was verliere ich, wenn ich sie anspreche? Was gewinne ich, wenn ich sie anspreche? Möglicherweise sind sie nicht an einem Gespräch interessiert und gehen nicht auf meine Fragen ein. Dann werde ich enttäuscht sein. Das kann ich mir ersparen, wenn ich sie nicht anspreche. Ich gewinne die Chance, mein Kontaktverhalten zu üben und neue Menschen kennenzulernen. Ich gewinne möglicherweise eine neue Bekannte, eine unterhaltsame Pause bis zum Filmbeginn, eine entspanntere Atmosphäre während der Filmvorführung, vielleicht sogar einen Plausch über den Film nach dem Kino.

Aus dieser Diskussion können Sie nun ein hilfreiches Selbstgespräch ableiten:
„Ich spreche meine Nachbarinnen an. Das Schlimmste, was mir passieren kann, ist, daß sie nicht auf meine Fragen eingehen. Das ist auch in Ordnung. Dann bin ich auch nicht schlechter dran wie ohne Kontaktangebot. Ich weiß dann, daß dies nicht der richtige Zeitpunkt und die richtigen Personen waren, um mein Kontaktverhalten zu üben. Schlecht können meine Sitznachbarinnen so oder so über mich denken. Wenn sie nicht darüber sprechen, werde ich es ohnehin nicht wissen. Und wenn sie darüber sprechen, ist dies nur deren Meinung. Ich weiß, daß ich Interesse und Achtung anzubieten habe, schade, wenn sie nicht darauf eingehen."

Nun ist der Zeitpunkt für die positive Vorstellung gekommen. So wie Sie sich bisher eine negative Vorstellung und damit Angst gemacht haben, wollen Sie sich nun gezielt positiv einstimmen auf Ihren Kinobesuch. Falls Sie keine Idee dazu haben, mit welchen Worten Sie Ihre Sitznachbarinnen ansprechen sollen, holen Sie sich hierfür erst noch ein paar Anregungen aus dem Kapitel 13.

Hier ist nun Ihre positive Vorstellungsübung:

Stellen Sie sich so lebendig wie möglich vor, wie Sie in Ihr Lieblingskino gehen und wo Sie sitzen werden. Spüren Sie den Kinostuhl unter Ihrem Po und am Rücken. Die Luft ist leicht stickig und es ist warm. Hinter ihnen unterhalten sich andere Leute. Sehen Sie, daß rechts und links neben Ihnen eine Frau sitzt. Die Beleuchtung ist abgedunkelt, aber Sie können die Gesichter noch erkennen. Rufen Sie sich Ihr positives Selbstgespräch in Erinnerung. Bringen Sie sich in eine selbstbewußte Körperhaltung und sprechen Sie die rechte Nachbarin so an, wie Sie sich das wünschen. Sehen Sie dann, wie Sie sich angeregt unterhalten, bis der Werbefilm beginnt.

Bei den positiven Vorstellungsübungen geht es darum, sich ganz gezielt und ganz konkret vorzustellen, wie man sich gerne verhalten möchte.

Natürlich müssen Sie die für Sie passenden Vorstellungsübungen machen. Vielleicht sehen Sie sich im Eiscafe eine nette Frau ansprechen, einen Kollegen nach seinem Urlaub fragen oder in einem Kurs den sympathischen Dozenten zu einem Drink einladen. Überlegen Sie sich zunächst mit Hilfe des ABCs Ihre positiven Gedanken und dann stellen Sie sich die Situation so lebendig wie möglich vor.

Die Vorstellungsübung besteht aus drei Teilen:
1. Sie sehen die Situation ganz konkret vor Augen.
2. Sie sagen sich innerlich Ihre angstreduzierenden Gedanken.
3. Sie sehen, wie Sie sich so fühlen und verhalten, wie Sie es gerne möchten.

Diese Vorstellungsübungen sollten Sie so oft wie möglich wiederholen. Sie üben hierdurch Ihr neues Kontaktverhalten ein - zunächst einmal ohne Risiko und nur in der Vorstellung. Auch Sportler und Künstler nutzen diese Form des Trainings.

Besonders wirkungsvoll ist die Vorstellungsübung, wenn Sie sich vor der Vorstellungsübung erst ein wenig entspannen. Sie können hierzu eines der beiden folgenden Entspannungsverfahren einsetzen.

So bringen Sie sich in einen entspannten Zustand

Angst, das Alarmsignal unseres Körpers vor Gefahren, ist immer verbunden mit einer Anspannung der Muskulatur und einer Beschleunigung des Atemrhythmus. Wir sollen hierdurch auf Kampf oder Flucht vorbereitet werden. Da die Kontaktaufnahme, wie wir jetzt festgestellt haben, meist kein lebensbedrohliches Ereignis für uns ist, ist die Angst auch nicht sinnvoll. Wir können ihr deshalb bewußt ein Signal der Entspannung entgegensetzen und damit unserem Körper Entwarnung geben. Angst und Entspannung sind zwei sich ausschließende Reaktionsformen. Unser Körper kann entweder angespannt oder entspannt sein. Mit den folgenden Entspannungsverfahren können Sie Ihre Angst abbauen:

Anleitung zur Bauchatmung

Legen Sie Ihre Hand flach 2 cm unterhalb des Bauchnabels auf die Bauchdecke. Dann atmen Sie tief ein und stellen sich vor, wie der Atem langsam bis hinunter zu Ihrer Hand fließt und schließlich Ihre Hand hochatmet. Danach stellen Sie sich vor, wie der Atem langsam wieder über den Brustraum zurück über die Nase nach außen entweicht, und konzentrieren sich darauf, wie die Hand wieder nach unten sinkt.

Wiederholen Sie diese Technik mehrere Minuten lang, bis Sie die Entspannung verspüren.

Anleitung zur Spontanentspannung

Atmen Sie etwas tiefer ein, als Sie das gewöhnlich tun. Dann atmen Sie in einer Bewegung wieder aus, ohne den Atem nach dem Einatmen anzuhalten. Wenn Sie ausgeatmet haben, halten Sie Ihren Atem für ca. 6 bis 10 Sekunden an. Finden Sie selbst heraus, welche Zeit für Sie am angenehmsten ist. Zählen Sie in Gedanken von 1001 bis 1006 oder 1010 (eintausendundeins, ... eintausendundsechs). Nachdem Sie den Atem angehalten haben, atmen Sie wieder ein, atmen in einer Bewegung wieder aus, ohne den Atem anzuhalten, und halten ihn dann für weitere 6 bis 10 Sekunden an.

Wiederholen Sie diese Übung 2 bis 3 Minuten bzw. so lange, bis Sie deutlich entspannter und ruhiger sind.

Beide Entspannungsverfahren sind hervorragend geeignet, sich unmittelbar vor oder sogar während eines Gesprächs zu entspannen. Sie wirken sofort und sind auch ohne Übung einsetzbar. Falls Sie bereits ein anderes Entspannungsverfahren, etwa das Autogene Training oder die Progressive Muskelentspannung beherrschen, können Sie auch diese einsetzen.

So schließen Sie mit Ihrer Angst Frieden

In Kapitel 6 haben wir über den Prozeß des Umlernens gesprochen. Die Angstgefühle - haben wir festgestellt - verändern sich bedauerlicherweise zuletzt. Konkret heißt dies, daß Sie bei Ihren ersten Schritten auf andere zu Ihre Angst als Begleiter haben werden. Sie müssen damit rechnen, daß Ihre Angst sich meldet, sobald Sie etwas tun, das Sie bisher gemieden haben.

Sie haben im Augenblick mehrere Möglichkeiten:

- Ihre Angst für den Augenblick zu akzeptieren UND mit der Angst auf andere zuzugehen.
  („Nun gut. Die Angst muß im Augenblick auftreten, weil ich mir jahrelang eingeredet habe, daß die Kontaktaufnahme gefährlich für mich ist. Ich werde mich nicht von ihr abhalten lassen, sondern mit ihr auf den anderen zugehen.")
- sich über Ihre Angst zu ärgern und sich dafür zu verurteilen.
  („Ich sollte keine Angst haben. Jetzt weiß ich doch genau, daß sie überflüssig ist. Mir gelingt auch gar nichts!")
- sich wegen Ihrer Angst zu bedauern und zu resignieren.
  („Ich bin einfach zu nichts fähig. Ich werde es nie schaffen, auf andere zuzugehen!")
- Ihrer Angst zu folgen und das Risiko zu meiden.
  („Wenn ich Angst habe, bedeutet das Gefahr. Deshalb gehe ich kein Risiko ein, sondern ziehe mich lieber zurück.")

Die Alternative, daß Sie bereits jetzt angstfrei auf andere zugehen können, haben Sie leider nicht. Erst mit der Zeit, mit zunehmender Übung werden Sie Ihre Angst verlieren und Spaß dabei verspüren, neue Kontakte zu knüpfen. Verlangen Sie deshalb jetzt nichts Unmögliches von sich, sondern akzeptieren Sie Ihre Angstgefühle und Ihre Unsicherheit für den Augenblick.

Sehen Sie Ihre Angstgefühle und Ihre Anspannung als Wegweiser an, die ihre Gültigkeit verloren haben. Sie zeigen Ihnen eine falsche Richtung, in die Richtung: Einsamkeit und Isolation.

Errichten Sie einen neuen Wegweiser:

Kontakte, Anregungen, Nähe, Freunde, Zugehörigkeit

„Hätte ich doch ...!":
Der Ärger über verpaßte Gelegenheiten

Wer kennt ihn nicht, den Ärger über verpaßte Chancen? Jeder von uns hat sich sicher schon einmal Vorwürfe gemacht oder war zumindest enttäuscht, eine Gelegenheit nicht genutzt zu haben. Da sitzen wir stundenlang schweigend neben unserem Sitznachbarn im Flugzeug, im Kino, Theater oder bei einem Vortrag. Auf dem Faschingsball oder einem Fest sprechen wir die Menschen, die uns brennend interessieren nicht an, sondern befassen uns stattdessen mit den altbekannten Freunden. Danach kehrt plötzlich unser Mut zurück. Bestenfalls bedauern wir unsere verpaßte Gelegenheit, schlimmstenfalls machen wir uns heftige Vorwürfe und gehen mit uns ins Gericht.

Wie können Sie in Zukunft mit einer solchen Situation umgehen?

1. Verzichten Sie auf Ärger und Selbstvorwürfe.
   Es bringt Sie keineswegs voran, sich im nachhinein für Ihr Verhalten zu tadeln und mit sich zu hadern. Sie haben die Kontaktaufnahme gemieden, weil Sie sich genügend Argumente für die Meidung gegeben haben. Vielleicht war Ihr Gegenüber Ihnen ganz besonders sympathisch und Sie wollten auf keinen Fall in schlechtem Licht erscheinen. Vielleicht dachten Sie, er sei besonders intelligent und Sie könnten seinen Ansprüchen nicht genügen. Vielleicht haben Sie auch darauf gesetzt, daß er mit dem Gespräch beginnt. Auf jeden Fall hat Ihr altes kontaktblockierendes Programm in dieser Situation gesiegt. Ihre Selbstvorwürfe können die Situation nicht mehr ungeschehen machen. Und Ihr altes Programm wird hierdurch nicht gelöscht.

2. Vermeiden Sie Hoffnungslosigkeit und negative Prophezeiungen.
   Sie haben in dieser spezifischen Situation Ihr Ziel, Kontakt aufzunehmen, nicht erreicht. Dies hat keinerlei Aussa-

gekraft für Ihr zukünftiges Verhalten. Sie werden genügend weitere Chancen bekommen, die Sie nutzen können.

3. Überlegen Sie sich, wie Sie es in Zukunft besser machen können.
Erstellen Sie ein ABC der Gefühle und suchen Sie nach den negativen Gedanken, die Ihre Angst erzeugt und Sie gehemmt haben. Nehmen Sie sich die 4 Fragen aus Kapitel 8 zu Hilfe. Überprüfen Sie Ihre Gedanken und erarbeiten Sie sich eine neue hilfreiche Gedankenalternative. Oder aber suchen Sie im Anhang, Teil B nach den negativen Einstellungen, die Sie zur Meidung des Kontaktes gebracht haben, und prägen Sie sich die hilfreiche Alternative ein.

4. Machen Sie positive Vorstellungsübungen.
Malen Sie sich in Ihrer Phantasie aus, daß Sie sich in genau der gleichen Situation so verhalten, wie Sie es sich vorstellen. Sehen Sie, wie Sie sich Ihre neuen positiven Gedanken sagen und sich so fühlen und verhalten, wie Sie es sich wünschen.

5. Rechnen Sie mit Rückschlägen.
Es wird immer einmal wieder eine Situation geben, in der Sie den Kontakt meiden oder sich nicht Ihren Erwartungen entsprechend verhalten. Das ist normal, wenn man neues Verhalten erlernt und alte negative Programme löschen will.

Teil III Praktischer Teil:
Konkrete Gesprächsstrategien

Jetzt wird es ernst, liebe Leserin, lieber Leser. Sie haben Ihr Selbstvertrauen gestärkt, Ihre Körpersprache beobachtet und sich innerlich auf die Kontaktaufnahme vorbereitet. Das aktive Tun ist nun angesagt.

In diesem Teil III lernen Sie, wie Sie ein lebendiges Gespräch einleiten und fortführen. Sie erfahren, wie Sie sich für Ihren Gesprächspartner interessant machen und auf ihn eingehen können. Außerdem werden Sie bald Flirtsignale verstehen, aussenden und eine Einladung zum Wiedersehen aussprechen können. Ob sich aus Ihrer Unterhaltung eine Freundschaft entwickelt, entscheiden Sie dann beide.

Kapitel 12
Kurz vor dem Anpfiff

Bisher haben Sie Anspannung und Unsicherheit begleitet, wenn Sie sich unter Menschen begeben haben. Diese Unsicherheit hat sich auch in Ihrem Verhalten, in Ihrer Körpersprache und in Ihrer Sprache niedergeschlagen. Je mehr es Ihnen gelingt, entspannt und ruhig in eine Situation zu gehen, desto eher kann Ihre wahre Persönlichkeit zum Ausdruck kommen und desto mehr können Sie Freude und Unbeschwertheit versprühen. Dies können Sie unterstützen, indem Sie sich unmittelbar vor der Kontaktaufnahme positiv einstimmen. Hierzu möchten wir Ihnen mehrere Übungen vorschlagen, von denen Sie sich dann eine oder zwei zur Vorbereitung auswählen können.

1. Rufen Sie sich in Erinnerung, was Sie durch Ihr neues Verhalten gewinnen können. Was ist Ihr Gewinn?

Wenn Sie neues Verhalten erproben wollen, müssen Sie alte Hürden überwinden. Sie müssen mit Ihrer Angst auf einen anderen zugehen. Deshalb ist es hilfreich, sich vor dem geplanten Schritt auf andere zu nochmals in Erinnerung zu rufen, weshalb Sie all das auf sich nehmen. Warum haben Sie sich entschlossen, die Einladung zu einem Fest anzunehmen? Warum haben Sie sich vorgenommen, den Nachbarn freundlich zu grüßen, mit dem Zeitungsverkäufer ein paar Worte zu wechseln? Was wollen Sie für sich erreichen? Notieren Sie sich: Wenn ich auf andere zugehe, kann ich

- neue Menschen kennenlernen
- mich vergnügen
- mich besser kennenlernen

- mehr Selbstvertrauen gewinnen
- meine Angst überwinden
- mit einer ganz bestimmten Person ins Gespräch kommen
- geschäftliche Vorteile daraus ziehen
- präsent sein
- Kontakt mit Geschäftspartnern auffrischen
- neue Freunde gewinnen
- Erfahrungen austauschen
- ....
- ....

2. Versetzen Sie sich in eine gute Stimmung.

Menschen sind um so lieber mit Ihnen zusammen, je besser Ihre Stimmung ist. Sie sind um so attraktiver für andere, je wohler sich diese in Ihrer Nähe fühlen. Außerdem werden Sie mehr Freude daran haben, mit anderen zusammenzusein, wenn Sie sich wohl fühlen.
Rufen Sie sich deshalb eine Situation in Erinnerung, in der Sie sich sehr sicher und selbstbewußt gefühlt haben. Wenn Sie möchten, nehmen Sie die Situation, die Sie bereits in Kapitel 9 ausgewählt haben.

Stellen Sie sich diese Situation so genau wie möglich vor. Sie sehen, den Raum, in dem Sie diese Erfahrung gemacht haben, die Menschen, die anwesend waren. Sie erinnern sich daran, was Sie gehört und welche Gefühle Sie verspürt haben. Vielleicht gibt es auch einen Geruch oder Geschmack, den Sie mit dieser Situation verknüpfen.

Je lebendiger Sie sich an diese Situation erinnern, desto mehr rufen Sie die positiven Gefühle wach, die Sie dort verspürten.

3. Ordnen Sie die auf Sie zukommende Situation, Ihre Gedanken und Gefühle in das ABC der Gefühle ein (s. Kap. 8).

Überprüfen und korrigieren Sie Ihre angstauslösenden Gedanken. Nehmen Sie dann die neuen hilfreichen Gedanken als Grundlage für die positive Vorstellungsübung, in der Sie sich die auf Sie zukommende Situation ausmalen, Ihre neuen Gedanken denken und sehen, wie Sie sich fühlen und verhalten möchten (s. Kap. 11).

4. Wenn Sie auf Musik ansprechen, können Sie sich auch, bevor Sie aus dem Haus gehen, Ihre Lieblingsmusik anhören oder sich diese sogar auf dem Weg zur Übungssituation im Walkman zu Gehör bringen.

5. Auch eine Atemübung (s. Kap. 11) kann Sie in einen entspannten Zustand versetzen.

6. Ein Blick in Ihren Text zum Aufbau Ihres Selbstvertrauens (s. Kap. 9) hilft, Ihre blockierenden Gedanken in Schach zu halten.

7. Machen Sie Ihr Äußeres zurecht, sodaß Sie sich im Spiegel gefallen. Vergessen Sie nicht, sich ein Kompliment zu machen.

8. Unterlassen Sie den Griff zu Alkohol und Beruhigungstabletten.

Diese Hilfsmittel verschaffen Ihnen zwar kurzfristig eine Entspannung. Sie nehmen alles leichter und haben mehr Mut. Doch können sie Ihre negativen Gedanken nicht korrigieren und Sie müssen immer wieder und zwar in stärkerer Dosierung zu ihnen greifen, um sich sicher zu fühlen. Mit der Zeit sind Sie gefährdet, von ihnen abhängig zu werden.

So, nun sind Sie ausreichend gerüstet und können positive Signale aussenden!

Kapitel 13
Wie Sie mit anderen
ins Gespräch kommen

„... Ich beschloß, sie zu heiraten. Um sie zu werben, schien nur eine Forma-
lität zu sein. Aber was sagt man am Anfang, wenn man jemandem den Hof
machen will? „Wollen Sie einen von meinen Kaugummis?", schien mir zu pro-
letenhaft. „Hallo" war eine zu banale Begrüßung für meine künftige Braut.
„Ich liebe Sie. Ich brenne vor Leidenschaft", war etwas zu kühn. „Ich möchte
Sie zur Mutter meiner Kinder machen", schien ein bißchen voreilig. Ganz
recht, nichts, gar nichts, sagte ich. Und nach 'ner Weile erreichte der Bus die
Haltestelle, sie stieg aus, und ich sah sie nie wieder. Ende der Geschichte."

So beschreibt Herr M. einen seiner zahlreichen Versuche,
Kontakt aufzunehmen. Auf einem Fest, auf dem sich alle
fremd sind, bekommen laut wissenschaftlicher Untersuchungen ca. 75 % der Erwachsenen Angstgefühle. Sie sind also auf
keinen Fall allein mit Ihren Gefühlen.

Für viele Menschen ist es der schwierigste Schritt, überhaupt mit einem anderen Menschen ins Gespräch zu kommen. Sie zerbrechen sich den Kopf darüber, wie sie ein Gespräch beginnen, welche klugen Worte wohl den anderen dazu bringen könnten, mit ihnen ein Gespräch zu führen. Sie
sitzen vollkommen verspannt auf einem Fest herum, einerseits
von dem Wunsch erfüllt, der andere möge doch den ersten
Schritt machen, andererseits aber auch wieder voller Angst,
daß er wirklich auf sie zukommen könnte. Sie hoffen sehn-
lichst, das Essen möge doch endlich kommen, damit sie eine
Beschäftigung hätten. Im Kino oder bei einer Theaterveran-
staltung wünschen sie, daß die Vorstellung so schnell wie

möglich beginne, damit die peinliche Stille vorübersei.

Ganz unterschiedliche Strategien lassen wir uns einfallen, um uns ein wenig Sicherheit zu verschaffen. Manche Menschen verhelfen sich mit einem Gläschen Sekt zu mehr Mut. Andere benötigen eine Beruhigungstablette, um ihre Anspannung abzubauen. Wieder andere klammern sich an ihrer Zigarette fest, lenken ihren Blick krampfhaft auf den Boden und ziehen sich ins hinterste Eckchen zurück. Natürlich erschweren wir uns hierdurch meist eher die Kontaktaufnahme, als daß wir sie uns erleichtern.

Da jede Beziehung mit dem ersten Kontakt beginnt und Sie in der Zukunft nicht immer darauf warten wollen, ob Ihr Gegenüber den ersten Schritt macht, wollen wir uns nun mit konkreten Strategien der Kontaktanknüpfung befassen. Sie brauchen in Zukunft nicht mehr „sprachlos" und stumm wie ein Fisch zu sein oder krampfhaft nach Worten zu suchen. Sie können sogar Spaß daran haben, neue Kontakte zu knüpfen

Wie Sie mit anderen Kontakt aufnehmen können

Gehen wir im folgenden einmal davon aus, daß Sie auf ein Fest eingeladen sind oder eine Veranstaltung besuchen. Sie haben sich fest vorgenommen, heute den ersten Schritt zu machen.

1. Finden Sie zunächst heraus, ob Ihr Gegenüber zu einem Gespräch bereit ist.

Wenn mehrere Personen in Frage kommen, dann ergründen Sie, wer von den Anwesenden am ehesten für ein Gespräch mit Ihnen offen ist. Die meisten Menschen freuen sich, wenn sie die Gelegenheit bekommen, jemanden zu treffen, den sie noch nicht kennen. Sie können jeden, der allein oder nicht gerade außerordentlich beschäftigt ist, als geeigneten Kandidaten ins Auge fassen.

Vielleicht wenden Sie nun ein: „Woran kann ich denn erkennen, ob mein Gegenüber gesprächsbereit ist?" Nun, mit hundertprozentiger Sicherheit können wir das nicht vorhersagen. Doch es gibt Signale, die auf günstige Ausgangsbedingungen hinweisen. Besonders geeignete Kandidaten zeigen vielleicht ihr Interesse, indem sie Ihnen zulächeln oder Sie mehrmals anschauen. Oder sie sitzen mit Armen und Beinen, die nicht überkreuzt sind, oder mit in Ihre Richtung übergeschlagenen Beinen da.

Angehörige des anderen Geschlechts, denen Sie sympathisch sind, zeigen dies vielleicht auf noch andere Weise. Sie kämmen sich, ordnen ihre Kleider, reiben an einem Körperteil oder einem Gegenstand, z.B. an einer Tasse, oder sie lassen sich bei einem Blick ertappen und schauen Sie eine zusätzliche Sekunde lang an, ehe sie wegblicken.

Andere aussichtsreiche Kandidaten können Sie daran erkennen, daß sie sich krampfhaft an einem Glas oder einer Zigarette festhalten, sodaß sich deren Fingerknöchel weiß färben. Sie sind ebenso ängstlich wie Sie und fast immer dankbar, daß sich jemand ihrer erbarmt.

Auf Abstand sollten Sie eher bleiben, wenn zwei Menschen ganz dicht beieinander und sich direkt gegenüber stehen, und nur den Kopf drehen, wenn Sie auf sie zukommen. Ihre Gesprächsbereitschaft kündigt sich erst an, wenn diese Ihnen ihren Körper zuwenden.

Ein wenig verdächtig ist es, wenn Ihnen gar niemand als Ansprechpartner geeignet erscheinen mag. Möglicherweise erwarten Sie dann zu viel von anderen, haben zu viele Vorurteile und wollen sich durch diese hohen Erwartungen vor einer möglichen Enttäuschung schützen. Wählen Sie dann den geeignetsten Ansprechpartner aus und steuern Sie dieser Blockade entgegen - sofern Sie nicht tatsächlich Lebensgefahr für sich erwarten müssen.

2. Haben Sie sich erst einmal eine Person ausgewählt, sollten Sie als nächstes lächeln und den Blickkontakt suchen.

3. Dann sollten Sie zur Tat schreiten und ein Gespräch beginnen.

Obwohl viele Menschen herumsitzen und verzweifelt nach dem „idealen" Einstieg in ein Gespräch suchen, haben Untersuchungen ergeben, daß es relativ unwichtig ist, was man sagt.
Es gibt dennoch eher günstige und eher gesprächshemmende Einstiegsmöglichkeiten. Einer unserer Klienten beschrieb beispielsweise einmal folgende negative Erfahrung:
„In einer Diskothek in Köln begegnete ich einer Frau, die ich gerne näher kennenlernen wollte. Als eine Art Begrüßung sagte ich zu ihr: <Mein Gott, ist die Musik laut.> Sie antwortete: <Nun, warum verschwinden Sie dann nicht?>, und damit war meine Chance vertan."

Es ist nicht nötig, daß Sie etwas besonders Schlaues oder Tiefsinniges von sich geben; alltägliche Bemerkungen genügen vollkommen. Es geht bei diesem sogenannten small talk nicht darum, den anderen durch ein tiefschürfendes Thema zu beeindrucken. Sie wollen das Eis brechen und Ihr Gegenüber besser kennenlernen. Wichtig ist jedoch, daß Sie die Gelegenheit nutzen, den Kontakt knüpfen und das Gespräch in Gang bringen. Zeigt die andere Person Interesse, wird sie Ihnen wahrscheinlich einige Zusatzinformationen geben, die Ihnen beiden helfen werden, gemeinsame Interessen zu entdecken und ein intensiveres Gespräch zu führen.

Es ist im Grunde genommen ganz leicht, auf Einstiegsmöglichkeiten für eine Unterhaltung zu kommen. Im wesentlichen haben Sie nur drei Themen zur Auswahl:

- die Situation
- die andere Person
- sich selbst

und nur drei Arten des Einstiegs:

- eine Frage stellen
- eine Meinung äußern
- eine Tatsache feststellen

Am Anfang geht es hauptsächlich darum, die andere Person zu interessieren oder einzubeziehen. Am besten fangen Sie daher mit einer Frage an. Geschlossene Fragen, die nur ein „ja" oder ein „nein" als Antwort von Ihrem Gegenüber erfordern, sind in Ordnung, so lange Sie nicht zu viele hintereinander stellen (s. Kapitel 14).

Gut macht sich auch die Äußerung einer Meinung, besser jedenfalls, als wenn Sie nur eine Tatsache feststellen. Wenn Sie Fakten aufzählen, z.B. *„Der Bus ist heute spät dran"* oder *„Die Kinokarte ist schon wieder um 50 Pfennig teurer geworden"*, wird der andere nicht einbezogen. Er muß daher selbst aktiv werden und Sie einbeziehen, indem er eine Frage stellt oder eine Meinung äußert - sofern er das überhaupt tut.

Über die Situation reden

Die beste der drei Möglichkeiten ist gewöhnlich die, zu Beginn eines Gesprächs über die Situation zu reden, in der Sie sich beide befinden. Die Suche nach Gemeinsamkeiten ist angesagt. Dies macht Ihrem Gesprächspartner meist weniger Angst, als wenn Sie über ihn reden, und weckt mehr Interesse, als wenn Sie über sich selbst sprechen.

Zu Beginn eines Gesprächs über die Situation sollten Sie sich umschauen und etwas aufgreifen, was Sie interessiert oder irritiert. Gehen Sie auf etwas ein, worüber der andere wahrscheinlich auch reden möchte. Das gelingt besonders leicht, wenn Sie im Kurs, bei der Arbeit oder in einer Interessengruppe wie z.B. der Arbeitsgemeinschaft für Alleinerziehende, der Ortsgruppe des Naturschutzbundes oder der Kirchengemeinde mit ihm zusammen sind.

Nachdem Sie Ihre Frage oder Ihre Feststellung geäußert haben, sollten Sie sich sorgfältig die Antwort anhören und insbesondere jede zusätzliche Information registrieren, auf die Sie vielleicht näher eingehen möchten. Sie sollten sich an diesem Punkt auf keinen Fall von äußeren Ereignissen ablenken lassen - es sei denn es brennt oder passiert sonst etwas Lebensbedrohliches. Bleiben Sie mit Ihrer Aufmerksamkeit bei Ihrem Gesprächspartner.

Hier sind einige Beispiele für den Einstieg. Denken Sie daran, daß sie nicht besser als Ihre eigenen Einfälle sind und daß überhaupt etwas zu äußern immer noch besser ist, als nichts zu sagen.

In einem Kurs der Volkshochschule:
„Was wissen Sie über den Lehrer?" oder *„Ich hab' letztes Mal gefehlt. Worüber wurde gesprochen?"* oder *„Was glauben Sie, kommt in der Prüfung dran?"*

In der Sauna:
„Mann, die haben ganz schön eingeheizt hier drin. Was glauben Sie, wieviel Grad es hier wohl hat?"

Beim Fußballspiel:
„Was glauben Sie, wer gewinnt? Was macht Sie so optimistisch/pessimistisch?"

Im Museum:
„Was glauben Sie, was der Künstler damit ausdrücken wollte?"

Einer Klientin passierte dabei folgende lustige Begebenheit: Sie verbrachte einmal eine Stunde damit, diese Frage vor einem Picasso zu stellen, und wurde in so viele Diskussionen verwickelt, daß sie zufällig jemandem, der zurückkam, um das Bild nochmals zu betrachten, die Frage zum zweiten Mal stellte. Seine zweite Antwort lautete: „Um die Wahrheit zu sagen, ich glaube nicht, daß Picasso während der letzten 25 Minuten viel Neues zu sagen hatte."

In der Kinoschlange:
„Was haben Sie über den Film gehört? Weshalb wollen Sie ihn sich anschauen?"

Am Gemüsestand:
„Wie ich sehe, kaufen Sie Artischocken. Ich wollte immer schon wissen ... Wie bereiten Sie sie zu?" oder *„Es gibt schon Aprikosen. Wo die wohl zu dieser Jahreszeit herkommen?"*

Zu einem Nachbarn:
„Ihr Rasen ist so grün. Verraten Sie mir Ihr Geheimnis?"

Im Fahrstuhl:
„Das ist sicher der langsamste Fahrstuhl der Welt." Das ist vielleicht kein besonders hinreißender Einstieg, aber er gibt Ihrem Gegenüber die Möglichkeit, den Fahrstuhl mit einem anderen, den er auch benutzt, zu vergleichen.

In der Straßenbahn, im Bus, in der Bahn:
„Fahren Sie auch mit öffentlichen Verkehrsmitteln zur Arbeit? Welche Erfahrungen haben Sie damit gemacht?"

Auf einem Fest:
„Waren Sie schon oft an diesem Ort, in dieser Stadt? Wie hat es Sie hierher verschlagen?" *„Dieses Büffet ist einfach unbeschreiblich. Geht es Ihnen auch so, daß Sie beim Büffet immer mehr essen, als Sie bräuchten?"*

Achten Sie darauf, nur positive Feststellungen zu machen, sonst können Sie leicht in den Ruf eines Nörglers geraten.

Über den anderen reden

Die meisten Menschen reden gern über sich und werden erfreut auf Ihre Fragen oder Kommentare antworten. Bevor Sie anfangen, sollten Sie beobachten, was die andere Person gerade tut, trägt, sagt und liest, und sich überlegen, worüber Sie gerne mehr wissen möchten.

Zum Beispiel:
„Das ist ein interessanter Sweater. Sagen Sie mir, was bedeutet dieses Emblem?"
„Sie sind hier der beste Bogenschütze. Wie trainieren Sie?"
„Ihre Stellungnahme vor dem Ausschuß hat mich fasziniert. Sagen Sie, weshalb wird Ihrer Ansicht nach die Entwicklung der Sonnenenergie nicht schneller vorangetrieben?"
„Es hat den Anschein, daß Sie etwas suchen. Kann ich helfen?"
„Sagen Sie, haben wir uns nicht schon mal bei einer Tupper-Party gesehen? Ich heiße ... Wie kam es, daß Sie bei Tupper einstiegen?"
„Sagen Sie, ich würde auch gerne Ihren Beruf wählen. Wohin wende ich mich da am besten, um weitere Informationen über Ausbildungsmöglichkeiten zu bekommen?"

Beim Sport:
„Was für Sportschuhe tragen Sie?"
„Wie sind Sie mit dieser Marke zufrieden?"

Wenn Sie Ihre Runden drehen oder im Stadtpark joggen und dabei einen Spaziergänger überholen: *„Wettlauf gefällig?"* Der andere wird in der Regel lachen. Dann können Sie zurücklaufen, anhalten und eine zusätzliche Bemerkung machen. Falls Sie keine Antwort erhalten, ist dies der einzige uns bekannte Einstieg, der es Ihnen erlaubt, auf der Stelle abzuhauen.

Beim Tanzen:
„Entschuldigen Sie, wenn ich so direkt bin, aber ich habe eben Ihren Tanzstil bewundert. Wo haben Sie denn so gut tanzen gelernt?"

Im Restaurant:
„Haben Sie etwas dagegen, wenn ich mich zu Ihnen setze?"
Der Schriftsteller Henry Miller aß beispielsweise nie gern al-

lein und benutzte oft diesen Einstieg. Stellen Sie sich nur einmal die Hunderte von unbekannten Menschen vor, die er so kennenlernte, Menschen, die er nie getroffen hätte, wäre er zum nächsten freien Tisch gegangen. Unserer Erfahrung nach lehnen 20% der Menschen, die Sie fragen, ab, und es sind sie, die sich gewöhnlich entschuldigen und sagen, daß sie einen Freund erwarten oder sehr viel zu tun hätten.

Auf einem Fest, einer Veranstaltung:
„Sind Sie alleine hierher gekommen?"
„Haben Sie auch Probleme mit dem Parkplatz gehabt?"
„Sind Sie auch in den Stau in der Stadtmitte gekommen?"
„Sind Sie auch Mitglied, Anhänger von ... ?"
„Woher kennen Sie die Gastgeberin, Frau ... ?"

Sie können sich auch in ein bereits bestehendes Gespräch zwischen zwei Fremden einschalten, indem Sie sich auf einen Gesprächsausschnitt beziehen.

Zum Beispiel: *„Sie haben gerade das neue Stadion erwähnt. Waren Sie schon dort?"*

Manche Menschen lassen sich leicht im Gespräch unterbrechen und beziehen Sie mit ein. Falls nicht, wagen Sie noch einen Vorstoß. Wenn dieser auch nicht akzeptiert wird, verabschieden Sie sich höflich und suchen nach neuen Kontakten. Erinnern Sie sich daran, daß die Ablehnung nichts mit Ihrer Person zu tun haben muß (s. Kap. 8 und 9).

Hier sind ein paar Hinweise, wie Sie erkennen, ob die anderen Sie miteinbeziehen wollen. Günstig ist es,
- wenn Sie eine Gruppe von drei oder mehr Personen vor sich haben.
- wenn zwei Personen auf Abstand und mit offener Körperhaltung dastehen. Eng zusammengesteckte Köpfe sind eher ein Abstandssignal.

Einige Psychologen sind dafür, daß man gleich zu Beginn ohne Umschweife sein Interesse an der anderen Person bekunden sollte. Zum Beispiel: *„Hallo, hübsch sehen Sie aus. Ich möchte Sie kennenlernen"*, oder: *„Hallo, ich hab' Sie schon öfters hier gesehen, und da dachte ich, ich komm' einfach mal rüber und stell' mich vor."* Sie behaupten, daß diese Methode viel größeren Eindruck mache als die subtileren Einstiegsformen und daß es lebenswichtig sei, Eindruck zu machen.

Wir denken, daß dieses beherzte Vorgehen Ihnen wahrscheinlich noch mehr als jedes andere Vorgehen Bauchschmerzen bereitet, wenn Sie bisher Kontakte eher gemieden haben. Wir schlagen Ihnen deshalb vor, es sich aufzuheben und dann auszuprobieren, wenn Sie sich eine genügend große Portion Selbstvertrauen erarbeitet haben.

Über sich selbst reden

Dieser Gesprächseinstieg ist vor allem unter einsamen Menschen üblich, führt aber selten zu einem anregenden Gespräch. Dale Carnegie bemerkte einmal, daß Fremde viel lieber über sich als über andere reden. Wir stimmen ihm zu, obwohl uns Dr. Art Lange's lustiger Einstieg durchaus gefällt: *„Hallo! Ich bin Art. Wie gefall' ich Ihnen bis jetzt?"*

Wenn Sie sich für diese dritte Einstiegsform entscheiden, können Sie sich beispielsweise selbst vorstellen. Zu einer guten Selbstvorstellung gehört es, seinen Namen zu nennen und etwas über sich selbst zu erzählen. Hilfreich ist es, dabei etwas auszuwählen, was Sie mit Ihrem Gesprächspartner gemeinsam haben. Beispielsweise: *„Guten Tag, ich bin Doris Wolf. Ich habe zusammen mit Ihrem Mann studiert."*

Sie können auch eine Kombination zweier Einstiegsmöglichkeiten benutzen und beispielsweise etwas über sich selbst und die Situation sagen: *„Das Essen sieht wirklich gut aus. Ich habe einen Bärenhunger, denn ich habe heute mittag nichts gegessen"*. Eine andere Möglichkeit ist: *„Wissen Sie, was ich heute gehört, getan, gesehen habe ... ?"*

Weitere Möglichkeiten, im Alltag mit Menschen in Kontakt zu kommen, ohne daß sich daraus ein längeres Gespräch entwickeln muß:

1. Sagen Sie einfach nur *„Hallo"* oder *„Guten Tag"*.
Lächeln Sie Ihr Gegenüber freundlich an, falls Ihnen, obwohl Sie es sich so stark vorgenommen haben, in einer Situation gar nichts einfällt. Das ist immer noch besser, wie überhaupt keinen Kontakt aufzunehmen.

2. Sagen Sie *„Danke"*.
Bedanken Sie sich für eine nette Bedienung, die hilfreiche Beratung des Handwerkers, der Verkäuferin, des Apothekers, Verbinden Sie das Dankeschön mit einem Kompliment.

3. Bieten Sie Hilfe an.
Werden Sie achtsam gegenüber Ihrer Umwelt. Häufig können Sie andere Menschen in einer Notlage oder bestimmten Situation unterstützen. Z.B. wenn jemand etwas im Supermarkt sucht, sich in einer fremden Stadt nicht zurechtfindet, nicht weiß, welche Buslinie er nehmen soll. Die Frage *„Kann ich Ihnen behilflich sein?"* vermittelt dem anderen Interesse, kann aber auch Anstoß für einen Plausch sein. Sie erhalten das Gefühl, nicht allein zu sein. Außerdem ist die Gefahr, abgelehnt zu werden, immer sehr klein, wenn der andere „bedürftig" ist.

Auch auf einem Fest können Sie Kontakt anknüpfen, indem Sie in die Runde fragen, ob Sie jemandem etwas vom Büffet mitbringen oder Getränke nachgießen können.

4. Bitten Sie um Hilfe.
„Wie komme ich am schnellsten, von ... nach ... ?" *„Wo finde ich das Museum für moderne Kunst?"* *„Können Sie mir 5,– DM wechseln?"* Mit der Bitte um Hilfe gehen Sie zwar schon eher das Risiko ein, nicht anzukommen, doch werden Sie sicher auf diesem Weg auch Menschen kennenlernen. In Ihrem Marschgepäck haben Sie ja hilfreiche Gedanken, um mit Ablehnung umzugehen, so daß Sie es wagen können (s. Kap. 9).

5. Zum Schluß noch ein Wort zum Small talk: Viele Menschen sprechen verächtlich über den Small talk. Er hat jedoch einen ganz anderen Sinn als das ernste Gespräch. Er soll niemanden beeindrucken, sondern amüsieren und die Zeit angenehm füllen. Ziel des small talks ist es, sich über Nebensächlichkeiten näher kennenzulernen.

So, nun sind Sie am Zug. Sie haben jetzt von uns viele Vorschläge erhalten, wie Sie ins Gespräch kommen können. Jetzt heißt es, diese Vorschläge umzusetzen. Beginnen Sie damit, sich nach Situationen umzuschauen, in denen Sie diese Strategien erproben. Achtung: Verdächtig sind Einwände wie: „In meinem Alltag gibt es keine Kontaktmöglichkeiten", „Ich muß erst abwarten, bis sich eine Möglichkeit ergibt", „Morgen fange ich an. Heute bin ich so erschöpft, müde, nicht gut drauf ..."
Sofern Sie nicht gelähmt, blind und taub zuhause im Bett liegen, können Sie jederzeit üben. Sie haben es im Augenblick lediglich mit den Auswirkungen Ihres alten negativen Programms zu tun, das in Ihnen Angst und die Tendenz zur Meidung hervorruft.

Einverstanden, Sie können sich zunächst ja erst einmal „leichtere" Situationen aussuchen. Für manche Menschen ist es beispielsweise einfacher, alte Menschen und Kinder anzusprechen. Andere tun sich leichter bei Menschen, die sie zumindest öfter sehen, z.B in der Kantine oder am Zeitungsstand. Für die meisten Menschen ist es ganz besonders schwierig, zu attraktiven und ihnen besonders sympathischen Menschen Kontakt aufzunehmen.
Beginnen Sie mit den leichteren Situationen, aber starten Sie jetzt sofort. Ihr Ziel ist es, Ihre Kontaktfähigkeiten zu üben. Auch wenn Sie bereits eifrig positive Vorstellungsübungen (s. Kap. 11) gemacht haben, bleibt Ihnen die Übung in der Realität nicht erspart. Die Reaktion Ihres Gegenübers erhalten Sie nur, wenn Sie ihn tatsächlich ansprechen.

Kapitel 14
Wie Sie durch Fragen das Gespräch beleben

Die ersten Anstöße zum Kontakt kamen bereits von Ihnen. Oder etwa nicht? Herzlichen Glückwunsch, wenn Sie sich dazu überwunden haben und das Risiko eingegangen sind.

Jetzt geht es Ihnen vielleicht darum, zu lernen, intensiver ins Gespräch einzusteigen. Ausschlaggebend dafür ist, ob genügend Basis zwischen Ihnen und Ihrem Gegenüber da ist, um den Kontakt auszubauen. Jetzt kommen Übereinstimmungen und Unterschiede in Zielen, Wertvorstellungen, Interessen ins Spiel. Ein manches Mal wird das Gespräch auf der ganz seichten Unterhaltungsebene bleiben. Ein anderes Mal wird es intensiver werden, bis Sie sich vielleicht sogar die tiefsten Gefühle gegenseitig offenbaren oder Geheimnisse anvertrauen.

Wie das Gespräch sich entwickelt, können Sie nicht vorherbestimmen. Sie können lediglich durch die Art Ihrer Gesprächsführung Ihren Teil dazu beitragen, daß das Gespräch sich intensiviert. Ihrem Gegenüber verbleibt die Entscheidung, ob er auf Ihr Angebot einsteigt.

„Ich hab's versucht. Ehrlich. Ich fragte sie was und bekam keine rechte Antwort. So fragte ich nochmal. Und nochmal. Nach einer Weile kam ich mir wie ein Polizist vor, der einen Verdächtigen verhört, und nicht wie jemand, der mit den Leuten von nebenan freundlich zu plaudern versucht."

So beschreibt Herr J. seine Bemühungen, sich mit seinem Nachbarn zu unterhalten. Er blieb mit einem beklemmenden Gefühl zurück und fühlte sich wieder einmal darin bestätigt, kein interessanter Gesprächspartner zu sein.

Hier noch ein weiteres Beispiel:

Frau W. erzählte uns von ihrem Versuch, mit Frau M., einer anderen Kursteilnehmerin des Seidenmalerei-Kurses, in der Pause ausführlicher ins Gespräch zu kommen.

Frau W.: *Wie lange beschäftigen Sie sich schon mit Seidenmalerei?*

Frau M.: *Na, seit etwa 5 Jahren.*

Frau W.: *Und Sie sind immer noch so begeistert wie am Anfang?*

Frau M.: *Ja.*

Frau W.: *Haben Sie noch andere Hobbies?*

Frau M.: *Ja, ich spiele noch Tennis.*

Frau W.: *In einem Verein?*

Frau M.: *Ja, beim TSV.*

Frau W.: *Haben Sie Trainerstunden genommen?*

Frau M.: *Ja, im Verein gibt es einen guten Trainer.*

Frau W.: *Wo wohnen Sie?*

Frau M.: *In Weinheim.*

Frau W.: *Gefällt es Ihnen dort?*

Frau M.: *Ja, man ist schnell in Heidelberg und Mannheim, aber auch schnell im Odenwald.*

Wenn wir uns in die Unterhaltung von Frau W. hineinversetzen, dann spüren wir so richtig die Anstrengung, die Frau W. einsetzte, damit das Gespräch nicht zum Stillstand kam. Krampfhaft hangelte sie sich von einer Frage zur nächsten. Sicher machte diese Art der Unterhaltung weder Frau W. noch Frau M. Spaß. Und sie werden sie sicher so bald auch nicht wiederholen. Frau W. mag mit dem Eindruck zurückbleiben, daß sie unfähig sei, ein normales Gespräch zu führen, oder aber daß Frau M. sich nicht mit ihr unterhalten wolle. Doch liegt in diesem Fall die Erklärung einfach darin, daß Frau W. nicht wußte, mit welchen Fragen sie Frau M. zu einem ausführlichen Gespräch ermuntern konnte.

Wenn Sie die passenden Fragen stellen, dann wird eine solche

Unterhaltung keine Kraft kosten, sondern Ihnen sogar eher Energie zurückgeben. Am Ende des Gesprächs werden Sie zufrieden sein, sich so gut unterhalten zu haben.

Welche unterschiedlichen Frageformen gibt es?

Jeder stellt Fragen, aber nur wenige tun dies so, daß die Unterhaltung dadurch wirklich gefördert wird. Wenn Ihre Fragen wenig Resonanz finden, dann liegt dies möglicherweise nicht daran, daß Ihr Gesprächspartner unfreundlich oder die Situation ungünstig ist. Der Fehler mag vielmehr einfach darin liegen, daß Sie die falschen Fragen stellen und sie ungeschickt formulieren. Man kann zweierlei Fragen stellen: geschlossene und offene Fragen.

Offene und geschlossene Fragen kann man leicht unterscheiden. Sie beginnen meist mit unterschiedlichen Wörtern.

geschlossene	sowohl als auch	offene Fragen
Sind Sie ...?	Was?	Wie?
Glauben Sie ... etc?		Warum?
Wer?		Weshalb?
Wann?		Auf welche Weise?
Wo?		Woher?
Welche(r)?		
Wie oft?		
Wie lange?		
Wie alt?		

Angenommen Sie haben einen neuen Wagen und wollen ein Gespräch darüber beginnen. Dann könnte die geschlossene Frage lauten: *„Gefällt dir mein neues Auto?"* und die Antwort wäre *„ja"* oder *„nein"*. Mehr Informationen können Sie durch die offene Frage: *„Wie gefällt dir mein neues Auto?"* erhalten.

Geschlossene Fragen

Geschlossene Fragen sind Fragen, die nur ein „Ja" oder „Nein" oder die Wahl zwischen mehreren fertigen Antworten verlangen.

Zum Beispiel:
Frage: *„Woher kommen Sie?"*
Antwort: *„Ich wurde in Bielefeld geboren, aber ich wuchs in Düsseldorf auf."*
Frage: *„Gehen Sie joggen?"*
Antwort: *„Ja, ich jogge 5 Kilometer am Tag."*

Frage: *„Sollen wir heute abend um fünf, sechs oder halb sieben essen?"*
Antwort: *„Sechs Uhr paßt mir gut."*

Frage: *„Was meinen Sie, sollte man alle Atomkraftwerke schließen?"*
Antwort: *„Ich möchte nicht, daß die bestehenden Atomkraftwerke geschlossen werden, aber ich bin auch nicht dafür, noch weitere zu bauen."*

Geschlossene Fragen sind nützlich, um andere zu veranlassen, bestimmte Fakten über sich herauszurücken, denen Sie vielleicht genauer nachgehen wollen, oder eine eindeutige Position zu beziehen.

Geschlossene Fragen spielen eine wichtige Rolle, aber wenn Sie sie ausschließlich stellen, wird das Gespräch langweilig und endet in peinlichem Schweigen. Menschen, denen Sie eine geschlossene Frage nach der anderen stellen, fühlen sich, wie Herr J. sagte, als würden sie von der Polizei verhört.

Offene Fragen

Sie müssen Ihren geschlossenen Fragen offene folgen lassen.

Nur so können Sie das Gespräch in Gang halten und es interessanter und gehaltvoller gestalten. Offene Fragen gleichen Aufsatzthemen, da sie Antworten herausfordern, die mehr als nur ein oder zwei Wörter umfassen. Sie machen Erklärungen und längere Ausführungen nötig. Sie dienen dazu, andere zu Meinungsäußerungen zu veranlassen. Damit zeigen Sie, daß Ihnen an der Antwort Ihrer Gesprächspartner sehr viel liegt und Sie noch mehr wissen möchten, was diese sehr freut.

So fand z.B. Frau W. heraus, daß Frau M. bereits seit 5 Jahren Seidenmalerei betreibt. Anstatt nun eine zweite, damit nicht zusammenhängende geschlossene Frage zu stellen, hätte sie auch eine der folgenden offenen Fragen stellen können:

„Wie kamen Sie auf die Idee, mit Seidenmalerei zu beginnen?"
„Wie hat sich in all den Jahren Ihre Technik und Vorliebe für Motive verändert?"
„Wie bekommen Sie die Ideen zu Ihren Motiven?"
„Erzählen Sie mir, welche Pläne Sie in Zukunft mit der Seidenmalerei haben." (Dies ist eine als Bitte formulierte offene Frage.)

Schauen wir uns noch eine zweite Situation hierzu an. Angenommen Sie machen auf einem Fest die Bekanntschaft einer Ihnen unbekannten Person. Nachdem Sie sie gefragt haben, woher sie kommt, und nun wissen, daß sie in Stuttgart geboren wurde, könnten Sie ihr die folgenden offenen Fragen stellen:

„Wie kam es, daß Sie von Stuttgart hierher gezogen sind?"
„Worin unterscheiden sich die Menschen hier von denen im Schwabenland?"
„Sie wuchsen in Stuttgart auf, was gefiel Ihnen dort am besten?"

Natürlich kann es passieren, daß Ihr Gegenüber auch auf geschlossene Fragen ausführlich eingeht und sie so behandelt, als würde er eine offene Frage beantworten. Doch wird Ihr Gesprächspartner offene Fragen eher viel ausführlicher beantworten, weil sie zum freien Reden ermutigen. Wenn Sie offene Fragen stellen, kann der andere sich entspannen. Er weiß ja, daß Sie ihn nur ins Gespräch ziehen und dazu bewegen möchten, sich ausführlich zu äußern. Andererseits können offene Fragen auch zu einer kurz angebundenen Antwort führen, wenn Ihr Gesprächspartner z. B. keine Lust oder keine Zeit für einen Plausch mit Ihnen hat.

Offene Fragen zu stellen erfordert eine bewußte Anstrengung von Ihnen. Aber so wie mit dem Gehen und Schreiben und all den anderen Fertigkeiten ist es auch hier: Wenn Sie sie erst einmal erlernt haben, beherrschen Sie sie nach einer Weile von allein.

Wer Fragen stellt, hat eine bessere Kontrolle

Fragen können unser Gegenüber einerseits dazu bewegen, etwas von sich mitzuteilen, andererseits können Sie mit Hilfe von Fragen die Unterhaltung auch in eine andere Richtung steuern.

Sie sind einer langweiligen Unterhaltung in keinem Fall hilflos ausgeliefert. Wenn Sie nämlich Fragen stellen, kontrollieren Sie in großem Maße, welche Themen diskutiert werden. Nehmen wir einmal an, ein Nachbar sagt zu Ihnen: „Ich bin eben aus Frankreich zurückgekommen." Hier sind einige von vielen Fragen, die Sie wählen könnten, damit er über das, was Sie interessiert, redet.

„Wie war das Wetter dort?"
„Wie haben Sie sich mit den Franzosen verständigt?"
„Was hat Sie am meisten in diesem Land beeindruckt?"
„Wie haben Sie es geschafft, drüben ohne Vorbuchung noch Hotelzimmer zu bekommen?"
„Worin unterscheidet sich das dortige Essen von dem unsrigen?"

Wenn Ihnen Ihr Gegenüber bereits seinen Beruf genannt hat, könnten Sie folgendes fragen:

„Weshalb haben Sie gerade diesen Beruf gewählt?"
„Welche Ausbildung mußten Sie dafür durchlaufen?"
„Mit welchen Problemen werden Sie in Ihrem beruflichen Alltag häufig konfrontiert?"
Oder Sie könnten, falls Sie überhaupt nicht über Berufliches reden wollen, folgende offene Frage stellen:
„Was machen Sie zum Ausgleich in Ihrer Freizeit?"

Bei der Wahl Ihrer Fragen sollten Sie zweierlei berücksichtigen:

1. Stellen Sie nur Fragen, wenn Sie wirklich an dem, was die andere Person zu sagen hat, interessiert sind. Egal, wie geschickt Sie es auch anstellen, wenn Sie die Gesprächsthemen nur einfach so abhaken, wird der andere am Ende merken, daß Sie seine Sympathie lediglich mit einem Trick gewinnen wollen.

2. Bemühen Sie sich stets um eine zweiseitige Perspektive. Das heißt, Sie sollten nicht nur auf das achten, was Sie sagen und hören wollen, sondern auch auf das, was Ihr Gegenüber interessiert. Die schlimmsten Langweiler sind die, die kein Gespür für die Wünsche und Bedürfnisse anderer haben. In den nächsten Kapiteln werden wir uns noch ausführlicher mit diesem Thema befassen.

Typische Fehler bei der Fragestellung

1. Sie stellen zu offene Fragen.

Frau L. erzählte uns hierzu ein Beispiel aus ihrem Alltag. Sie beklagte sich, daß ihr Leben sie zusehends langweile. Warum? *„Weil ich den ganzen Tag nur ein Dreijähriges und ein Baby um mich herum habe. Wenn mein Mann dann nach Hause kommt* und ich ihn frage: ‚Wie war's heute?' möchte ich wirklich 'was wissen. Aber was antwortet er? ‚Oh, wie üblich'. Dann macht er den Fernseher an, und das war's dann."

Frau L. hat gleich mehrere Fehler gemacht. Sie wollte zu viel auf einmal wissen. Wenn man Fragen stellt, ist das so, als drehe man einen Wasserhahn auf. Je offener die Fragen sind, desto größer die Resonanz - bis zu einem gewissen Punkt. Sehr offene Fragen wie „Wie war's heute?" „Was gibt's Neues?" „Was hast du denn so in der letzten Zeit getrieben?" würden so viel Anstrengung und Zeit zu ihrer Beantwortung verlangen, daß die meisten Leute es nicht einmal versuchen.

2. Sie stellen stereotype Fragen.

Frau L. stellte ihrem Mann jeden Tag dieselbe Frage, wenn er nach Hause kam. „Wie war's heute?" klingt eher wie eine stereotype Frage, die irgendwie das Gespräch in Gang bringen soll, nicht wie eine echte Bitte um Auskunft. Wahrscheinlich langweilte ihren Ehemann die Vorstellung, daß er dieselbe einfallslos gestellte Frage immer und immer wieder beantworten sollte.

Im Alltag gibt es viele solcher Floskeln wie etwa die bei der Begrüßung: „Wie geht's?". Stereotype Fragen provozieren in der Regel stereotype Antworten wie „Ganz gut" oder „Nicht übel". Ganz wenig Aussicht auf Erfolg haben Sie, wenn Sie diese Frage auch noch routinemäßig stellen.

3. Sie steigen mit zu schwierigen Fragen ins Gespräch ein.

Allzu schwierige Fragen zum Gesprächseinstieg schrecken den Gesprächspartner ab. Gewöhnlich ist es das Beste, mit einfachen Fragen zu Bereichen zu beginnen, die andere möglicherweise interessieren und mit denen sie vertraut sind.

Herr B., ein Grundstücksmakler, verriet uns folgenden Einstiegstrick: „Wenn ein neuer Kunde zur Tür hereinkommt, frage ich ihn nicht, was er auf dem Herzen hat. Für den Anfang wäre eine solche Frage zu aufdringlich. Er würde nur nervös und verschlossen werden. Und wenn ich ihn weiter bedrängte, würde *er wahrscheinlich das Weite suchen. Stattdessen frage ich ihn, wo er im Augenblick lebt. Das nimmt ihm seine Befangenheit und bringt ihn dazu, sich bei mir wohl zu fühlen. Nach einer Weile wird dann sicher einer von uns im Gespräch auf das kommen, was der Kunde auf dem Herzen hat.*" Herr B's Ratschlag läßt sich natürlich auch auf private Begegnungen anwenden.

4. Sie stellen Suggestivfragen.

Suggestivfragen, auch richtungsweisende Fragen genannt, sind die einfachsten Fragen, die es gibt. Sie beinhalten bereits eine Meinung und verlangen lediglich Zustimmung vom Gesprächspartner. Sie haben meist einen manipulativen Charakter oder wollen den Partner provozieren.

Zum Beispiel:
„Es ist bereits halb neun. Sollten wir da nicht lieber heute abend zu Hause bleiben?"
„Sie glauben doch nicht etwa, daß Sie im Recht sind?"
„Findest du nicht, daß zwei Stunden Fernsehen pro Abend genug sind?"
„Das gefällt Ihnen doch auch, oder?"
„Sind Sie nicht auch der Meinung, daß ...?"
„Ich darf Ihnen doch noch etwas eingießen?"
„Sie bleiben doch noch ein wenig?"

Mancher Anwalt handelt sich, wenn er vor Gericht Suggestivfragen stellt, eine Rüge ein. Wenn Sie sie im Umgang mit anderen verwenden, wird das wahrscheinlich Ihren Beziehungen nicht förderlich sein. Sobald Ihr Gegenüber es bemerkt, wird er sich wehren oder sich zurückziehen.

5. Sie sind anderer Meinung, bevor Sie Fragen stellen.

Äußert jemand eine Meinung, der Sie nicht zustimmen, und Sie möchten auf die strittigen Punkte näher eingehen, sollten Sie Ihre ablehnende Haltung erst äußern, nachdem, nicht bevor,

Sie ihn nach den Gründen für seine Meinung gefragt haben.

6. Sie wissen nicht, was Sie fragen sollen.

Dieses Problem können Sie höchstwahrscheinlich leicht aus der Welt schaffen. Vielfach bekommen Sie schon lange vor einem Fest oder dem Veranstaltungstermin eine Einladung und wissen, welche Menschen Sie dort erwarten. Falls Sie sich dann einige Fragen im voraus zurechtlegen, haben Sie es leichter, als wenn Sie sich nur darauf verlassen, daß Ihnen schon spontan die richtigen Fragen einfallen werden.

Vielleicht finden Sie es auch nützlich und interessant, sich einige Standardfragen einzuprägen. Sie können sie dann jederzeit abrufen, wenn Sie ein Gespräch in Gang bringen wollen.

Die folgenden Fragen benutzen wir besonders gern:
„An welchen Lehrer erinnern Sie sich am liebsten? Warum?"
„Wenn Sie einen anderen (oder besseren) *Beruf wählen könnten, was wären Sie gern? (Pause) Warum?"*
„Wenn Sie irgendwo auf der Welt eine Woche verbringen dürften, wohin würden Sie fahren, und was würden Sie unternehmen?"
„Was würden Sie jetzt gerade lieber tun?"

7. Sie stellen rhetorische Fragen.

Rhetorische Fragen erwarten keine Antworten. Sie dienen nicht dem Austausch zwischen Ihnen und Ihrem Gegenüber. Sie selbst wollen sich darstellen. Hier zwei Beispiele für rhetorische Fragen:
„Haben Sie da wirklich mehr Ahnung?"
„Meinen Sie wirklich, daß Sie das schneller hinkriegen?"

Weitere Strategien, um ein Gespräch in Gang zu halten

Einen interessanten Gesprächspartner zeichnet es aus, daß er etwas zur Unterhaltung beizutragen hat, was sein Gegenüber interessiert, bereichert, amüsiert, erstaunt, anregt, etc. Sie können sich deshalb in Ihrem Alltag ganz gezielt auf das Zusammentreffen mit anderen vorbereiten.

1. Wählen Sie in einer ruhigen Minute drei interessante Erlebnisse mit positiven Ausgang aus Ihrem Leben aus, von denen Sie glauben, daß sie andere interessieren könnten. Üben Sie zuhause, sie packend zu erzählen.

2. Halten Sie sich auf dem laufenden, welche Bücher gerade gelesen werden, welche Filme im Kino laufen. Nach Möglichkeit lesen Sie die Bücher selbst und schauen Sie sich die Filme auch an. So können Sie mitreden, wenn dies zum Thema wird, oder dieses als Thema einbringen. Beziehen Sie Ihre Informationen nur aus zweiter Hand, aus Kritiken, so gestehen Sie das ein.

3. Auch mit Tagesereignissen läßt sich ein Gespräch leicht in Gang bringen. Informieren Sie sich mit Hilfe von Tageszeitungen und überregionalen Zeitschriften - über die Themen, die Sie ohnehin interessieren.

4. Falls Sie den Namen Ihres Gegenübers bereits wissen, sprechen Sie diesen mehrmals im Verlauf des Gesprächs damit an. Zum einen können Sie sich dann den Namen leichter einprägen, zum anderen vermittelt der eigene Name den meisten Menschen ein Gefühl von Wichtigkeit und Anerkennung. Und Sie werden um so attraktiver für andere, je mehr er sich von Ihnen anerkannt fühlt.

5. Versuchen Sie, etwas Interessantes oder Wichtiges aus dem Leben Ihres Gesprächspartners herauszufinden - Erlebnisse, auf die er stolz ist. Hierdurch kommt dieser in eine positive Stimmung und Sie werden attraktiver für ihn, weil er dieses gute Gefühl mit Ihnen verbindet.

Kapitel 15
Wie Sie sich zusätzliche Informationen
zunutze machen

„Oh, ich besuch' Kathrin zweimal, dreimal die Woche, ansonsten kommt sie bei mir vorbei. Gewöhnlich reden wir über unseren Beruf oder die Kinder oder über irgendeine Neuigkeit. Ich streng' mich an, den Faden der Unterhaltung nicht zu verlieren, aber nach 'ner Weile scheint irgendwie alles gesagt - als hätten wir die Karre in den Dreck gefahren. Dann starren wir beide uns an oder lachen oder sonst was. Manchmal ist das ganz schön peinlich. Am Ende erfindet eine von uns einfach eine Entschuldigung und geht.“ So beschreibt Frau G. das Zusammentreffen mit ihrer Freundin.

Dies ist eine ganz alltägliche Erfahrung - und eine ganz unnötige dazu. Es gibt für Frau G. - und für Sie - keinen Grund, um Worte verlegen zu sein. Im Verlauf des Gesprächs gibt Ihnen der andere fast immer zahlreiche zusätzliche Informationen, Daten, die über das hinausgehen, was Sie verlangt oder erwartet haben. Wenn Sie diese zusätzlichen Informationen nutzen, d.h. dazu Stellung beziehen oder Fragen stellen, werden Sie das Gespräch in eine interessante Richtung lenken können. Sie benötigen nur ein wenig Gespür darin, diese zusätzlichen Gesprächsangebote zu entdecken. Betrachten Sie daraufhin einmal die folgenden Kurzdialoge. Wir haben die Zusatzhinweise zur Verdeutlichung darin kursiv gedruckt:

1. Herr F.: „Sie spielen wirklich gut. Haben Sie schon viele Trainerstunden gehabt?“
Herr A.: „Eigentlich hier in Dortmund noch keine, *aber als ich noch in Essen wohnte, trainierte ich zwei- bis dreimal die Woche.*“

2. Frau E.: „Guten Tag, ich hab' Sie schon 'ne Weile nicht mehr gesehen".

Frau Q.: „Stimmt. Wissen Sie, *unsere Jüngste war krank, deshalb mußte ich öfter zuhause bleiben.*"

3. Herr T.: „Ich bin froh, daß ich nicht der einzige bin, der den Garten noch nicht auf Vordermann gebracht hat."

Herr Ä.: „*Ich hab' zu viel für meinen Job zu tun und kaum Zeit, was für die Familie zu machen.*"

4. Frau V.: „Guten Tag, Herr N. Ist Ihre Frau da?"

Herr N.: „Nein. Sie *kauft gerade die Zutaten für den Geburtstagskuchen, den sie morgen backen will.*"

5. Herr D.: „Wann soll der Flughafenbus fahren?"

Ein Reisender: „*Er hätte schon vor 10 Minuten hier sein sollen. Er ist gewöhnlich ziemlich pünktlich.*" (Anmerkung: Dieser Satz - und besonders das Wörtchen „gewöhnlich" - enthält wertvolle Zusatzinformationen, weil er zeigt, daß der Mann den Bus schon öfters benutzt hat und wahrscheinlich oft mit dem Flugzeug unterwegs ist.)

6. Herr R.: „Das Meer spielt heute ganz schön verrückt."

Ein Mitreisender: „Ja. *Das erinnert mich irgendwie an den Bodensee bei Sturm.*"

Wie Sie zusätzliche Information zum eigenen Vorteil nutzen

1. Trainieren Sie sich darin, hellhörig zu werden und die Zusatzinformationen zu entdecken.

2. Wenn Sie glauben, daß diese Zusatzinformationen anregend oder nützlich sein könnten, sollten Sie ihnen nachgehen.

Das ist nicht nur in Ordnung, es ist vielmehr die Regel, daß man zusätzliche Information dazu nutzt, gelegentlich auf andere Themen umzuschalten. Sie brauchen dabei kein schlechtes Gewissen zu haben, weil Sie nicht mehr zum Ausgangsthema zurückkehren. In Wirklichkeit bleiben sehr wenige Gespräche mehr als ein paar Minuten lang bei ein und demselben Thema. Wenn Sie die zusätzliche Information zu Ihrem Vorteil nutzen wollen, genügt eine Bemerkung dazu oder eine Frage. Wie sonst auch sind offene Fragen das geeignetste Mittel, eine umfassende Antwort zu provozieren. Ein kurzes Beispiel:

Herr F.: *„Sie sind so schön braun, Herr G."*
Herr G.: *„Danke. Ich war dieses Wochenende mit meiner Familie zelten."*
Herr F.: *„Ich war noch nie beim Zelten. Ich möchte zu gern wissen, was Sie daran so reizt."*

3. Sie können sogar auf zusätzliche Informationen zurückgreifen, die Sie zuvor übergangen haben. Beispielsweise: *„Sie haben vorhin erwähnt, daß Sie letzten Sommer Ihren Hund nach Portugal mitgenommen haben. Was für Schwierigkeiten hatten Sie, mit ihm einzureisen?"*

4. Zusatzinformationen können Sie auch aus der Kleidung, dem Aussehen, Verhalten und Wohnort des anderen entnehmen.

All dies kann als Einstieg in ein Gespräch dienen. Z.B.: *„Ich seh', daß Sie eine Trachtenjacke anhaben. Kommen Sie aus Bayern?"* Manchmal besteht Ihre zusätzliche Information nur aus einem allgemeinen Eindruck: *„Sie scheinen sich gut mit Autos auszukennen. Wie kommt es, daß Sie so viel wissen?"* Oder: *„Sie wirken viel lockerer als bei unserer letzten Begegnung. Was ist passiert?"*

5. Wenn Sie wollen, daß sich Ihr Gegenüber bei der Unterhaltung wohl fühlt, können Sie auch auf zusätzliche indirekte Informationen, die er gibt, zurückgreifen.

Jeder Mensch nimmt seine Umgebung in einer bestimmten Art und Weise durch seine Sinne wahr und speichert diese Wahrnehmung im Gehirn ab. Zu den Sinnen gehören: Hören (akustischer Sinneskanal), Sehen (visueller Sinneskanal), Fühlen (kinästhetischer Sinneskanal), Riechen (olfaktorischer Sinneskanal), Schmecken (gustatorischer Sinneskanal) und als Sondersinn das Selbstgespräch (innerer Dialog). So werden manche Menschen bei den Erinnerungen an den Urlaub die wärmenden Sonnenstrahlen und den Wind auf der Haut spüren (körperorientiert), während andere die Palmen und das Blaue des Meeres vor sich sehen (visuell orientiert). Andere wiederum werden erzählen, was sie Gutes gegessen (gustatorisch) oder wie die Pinienwälder gerochen haben (olfaktorisch).

In den sprachlichen Äußerungen geben wir Auskunft darüber, für welche Sinneskanäle wir besonders empfänglich sind. Zum Beispiel:

visueller Sinneskanal: Menschen, die ihre Wahrnehmung überwiegend in Bildern abspeichern:
Ich sehe klar.
Kannst du dir das vorstellen?
Ich möchte, daß du dir das ansiehst.
Das sieht gut aus.
Ich sehe das ganz verschwommen.
Ich will Klarheit haben, Übersicht behalten.
Ich habe keinen Durchblick.
Ich muß erst einen Einblick gewinnen.
Ich sehe schwarz, kein Licht.
Meiner Ansicht nach ...
Das paßt ins Bild.
Jetzt dämmert mir etwas.
Mir wird es zu bunt.
Das liegt mir fern.
Ich male es mir in düsteren Farben aus.
Bei Licht besehen ist ...
Das sind trübe Aussichten.

akustischer Sinneskanal: Menschen, die ihre Wahrnehmung überwiegend nach Geräuschen abspeichern:

Das hört sich gut an.
Ich möchte betonen, daß ...
Das klingt gut, vernünftig, überzeugend ...
Das ist nicht im Einklang mit ...
Ich kann das nicht mehr hören.
Er jammert mir die Ohren voll.
Es wurde abgeschmettert.
Jetzt kracht es bald.
Ich sage Bescheid.
Ich muß mich erst darauf einstimmen.
Das habe ich überhört.
Ich bin ganz Ohr.
Er gehorcht mir aufs Wort.
Das ist unüberhörbar.
Ich war stumm wie ein Fisch.
Da hat es Klick gemacht.
Ich möchte betonen, daß ...
Stimmt Wort für Wort.

kinästhetischer Sinneskanal: Menschen, die ihre Wahrnehmung überwiegend nach dem, was sie fühlen, abspeichern:

Ich kann das nicht begreifen/fassen.
Ich möchte das genau festhalten.
Ich kann keinen Kontakt herstellen.
Daran gibt es nichts zu rütteln.
Ich fühle mich dort nicht wohl.
Das habe ich im Griff.
Da lacht mein Herz.
Da stockt mein Atem.
Das läßt mich kalt.
Das Blut gefriert mir in den Adern.
Ich fühle mich in die Ecke gedrängt.
Ich fühle mich beschwingt.
Ich fiel in ein tiefes Loch.
Er hebt gleich ab.

Das Argument paßt.
Das fühlt sich gut an.
Ich muß Hand anlegen.
Ich habe das Gefühl ...
Da gibt es nichts zu rütteln.
Ich kann dir nicht folgen.
Da kannst du bei mir nicht landen.

olfaktorischer Sinneskanal: Menschen, die ihre Wahrnehmung überwiegend unter dem Aspekt des Geruchs abspeichern:
Das stinkt mir.
Ich habe die Nase voll.
Laß dir mal den Wind um die Nase wehen.
Steck deine Nase nicht in ...
Ich rieche sofort den Braten.
Ich habe immer einen guten Riecher.
Ich kann dich nicht mehr riechen.

gustatorischer Sinneskanal: Menschen, die ihre Wahrnehmung überwiegend unter dem Aspekt des Geschmacks abspeichern:
Das schmeckt mir nicht.
Das ist Geschmackssache.
Ich bin sauer.
Ich riskiere keine dicke Lippe.
Dies hat einen faden Beigeschmack.

Der olfaktorische und gustatorische Sinneskanal werden seltener benutzt.

Für die Kommunikation mit einem Gesprächspartner ist es hilfreich, zu wissen, welche Sinnesvorlieben er hat. Wenn Sie Ihre Sprache nämlich dem Sinneskanal Ihres Gesprächspartners anpassen und die Worte desselben Sinneskanals benutzen, fühlt dieser sich von Ihnen verstanden. Er entwickelt Vertrauen zu Ihnen. Indem Sie seine Wortwahl berücksichtigen, können

Sie sich besonders erfolgreich mit ihm verständigen. Sie bauen eine Brücke zu ihm. „Sie sprechen eine gemeinsame Sprache" oder haben eine „gemeinsame Wellenlänge". Wenn Sie nicht herausbekommen, welches der bevorzugte Sinneskanal Ihres Gegenübers ist, dann können Sie auch einfach unspezifische Worte benutzen, die von allen Menschen verstanden werden, wie etwa:

wahrnehmen
denken
entscheiden
sich bewußt sein
wissen
erfahren
verstehen
handeln
erkennen
aufnehmen

6. Wenn wir uns in der Nähe eines Menschen wohl fühlen, passen wir uns ganz intuitiv dessen nonverbaler Signale wie etwa seiner Körperhaltung, Atmung, seinem Stimmklang und der Lautstärke etc. an.

Dies können Sie jedoch auch bewußt einsetzen, um sich Ihrem Gesprächspartner zu nähern. Sie können leiser sprechen, wenn er leise spricht, seinen Dialekt sprechen (sofern Sie ihn beherrschen), die gleiche Körperhaltung einnehmen. Sie brauchen ihn natürlich nicht in all seinen Verhaltensweisen zu imitieren, denn das würde ihn wahrscheinlich stutzig machen.

Es geht hier auch nicht darum, Ihren Gesprächspartner zu manipulieren, sich anzubiedern oder sich zu verleugnen. Sie wollen sich einfach die Erfahrung zunutze machen, daß wir uns bei Menschen, die uns ähnlich sind, wohler fühlen. Sie wollen Gemeinsamkeiten schaffen und Ihrem Gegenüber signalisieren, daß Sie ihn akzeptieren, und Vertrauen wecken. Sie wollen zu einer entspannten Gesprächsatmosphäre beitragen.

Kapitel 16
Wie Sie sich dem anderen gegenüber öffnen

Auf dem Weg zu mehr und intensiveren Kontakten haben Sie bisher geübt, Kontakt anzuknüpfen, durch offene Fragen mehr über Ihr Gegenüber zu erfahren und auf zusätzliche Informationen einzugehen. Aber die Verwendung dieser Techniken ist recht einseitig, denn sie gibt Ihrem Gesprächspartner kaum Einblick in Ihr Leben.

Die meisten Menschen, denen Sie begegnen, möchten im Verlauf des Gesprächs auch etwas über Sie erfahren: über Ihre Einstellungen, Interessen und Wertvorstellungen; wo Sie leben; welchen Beruf Sie haben; was Sie in Ihrer Freizeit tun; wo Sie gerade waren und wohin Sie gehen; und ob Sie zu weiteren Kontakten bereit sind.

Anhand der gegebenen Informationen können sie dann in etwa entscheiden, welche Art von Beziehung mit Ihnen möglich ist. Durch die Öffnung gegenüber Ihrem Gesprächspartner vermeiden Sie, daß das Gespräch in der Oberflächlichkeit verharrt. Sie vermeiden auch, daß andere Sie für arrogant, unnahbar und kühl halten.

Wenn es Ihnen nicht gelingt, sich selbst einzubringen, werden Ihre Gesprächspartner Sie bestenfalls eine Zeitlang für geheimnisvoll halten und neugierig sein. Aber nach kurzer Zeit werden sie, weil ihre Offenheit nicht von Ihnen erwidert wird, wahrscheinlich frustriert sein und folgern, daß Sie in Wirklichkeit entweder nicht an einer näheren Bekanntschaft interessiert sind oder wenig für sie übrig haben.

Etwas von sich, seinen Ansichten und Gefühlen zu zeigen, bedeutet für die meisten Menschen ein Risiko. Sie haben Angst, im Vergleich zum anderen zu viel von sich zu zeigen, Angst, daß der andere die Schwächen später ausnutzt, sie ablehnt oder auslacht.

Sich dem anderen gegenüber zu öffnen, kann dann ein wundervoller Prozeß sein, wenn beide Seiten sich beteiligen. Der eine offenbart sich nach und nach und hofft, daß der andere, wenn er ihn so sieht, wie er ist, seinerseits den Mut aufbringt, mehr in Erfahrung zu bringen und sich selber zu offenbaren.

Selbstoffenbarung verläuft typischerweise symmetrisch, d.h. daß die Menschen sich normalerweise in etwa gleichem Ausmaß einander offenbaren. Außerhalb von Beratungsstunden geschieht es selten, daß der eine mehr von sich enthüllt als der andere.

Wie Sie die Selbstoffenbarung fördern können

1. Sie können die Selbstoffenbarung Ihres Gegenübers fördern, indem Sie die Symmetrie fördern.

Stellen Sie Fragen, interessieren Sie sich für die darauf erfolgenden Antworten und bringen Sie diese dann mit Ihrem eigenen Wissen und Ihren eigenen Erfahrungen in Verbindung. Wenn der andere nicht ungehobelt oder egoistisch ist, wird er wahrscheinlich seinerseits bald mehr über das wissen wollen, was Sie ihm von sich verraten haben.

Das folgende Beispiel zeigt, wie so etwas normalerweise abläuft:

Herr G.: *„Hallo! Sind Sie neu in diesem Sportverein?"*
Frau K.: *„Ja, das stimmt. Ich bin heute erst zum zweiten Mal hier. Ich bin erst vor kurzem zugezogen."*

Herr G.: „Ich bin selber noch nicht lang hier. Was hat Sie nach Berlin geführt?"

Frau K.: „Nun, meine Firma ist von München hierher gezogen. Ich bin die Chefbuchhalterin."

Herr G.: „Ich muß Sie bewundern, wie Sie Ihr Geld damit verdienen, die Konten einer Firma in Ordnung zu halten. Ich arbeite als Photograph beim <Stadtanzeiger> und hab' manchmal schon Mühe, mein eigenes Konto ins Lot zu bringen."

Frau K.: „Photograph, sagten sie? Wie kamen Sie zu diesem Beruf?"

2. Sie können den Anfang machen und die gewünschten Reaktionen selbst vormachen.

Wenn Sie z.B. den Vornamen einer Person herausfinden wollen, schaffen Sie das höchstwahrscheinlich, indem Sie sagen: *„Übrigens, ich heiße ... Und Sie?"* Wenn Sie den vollen Namen wissen wollen, sollten Sie zunächst Ihren eigenen vollständig angeben. Dasselbe gilt sowohl für Adressen, Telefonnummern und alle anderen Fakten wie auch für Meinungen und Gefühle. Dadurch, daß Sie als erster etwas von sich preisgeben, machen Sie deutlich, daß es eher um einen Informationsaustausch als um ein Interview geht. Und Sie lassen Ihren Gesprächspartner genau wissen, wie er antworten soll. Die Modellierung macht es anderen leicht, sich zu offenbaren.

Da die Selbstoffenbarung symmetrisch verläuft und mit der Zeit das Vertrauen wächst, wird normalerweise die Interaktion zunehmend intensiver und bedeutungsvoller. Im allgemeinen durchläuft das Gespräch vier an Intensität und Vertrautheit zunehmende Stufen: Gemeinplätze, Fakten, Meinungen und Gefühle.

I. Gemeinplätze

Wenn zwei Menschen sich begegnen, tauschen sie zunächst fast immer Gemeinplätze aus. Dieses Ritual dient manchmal lediglich dazu, die Gegenwart des anderen zur Kenntnis zu nehmen. Manchmal macht es auch deutlich, daß jede Seite zu einer intensiveren Kommunikation bereit ist. Zu den typischen Eröffnungsritualen gehören Wendungen wie: *„Hallo"*, *„Wie geht es Ihnen?"*, *„Guten Tag. Freut mich, Sie zu sehen."*

Da diese Eröffnungsrituale nicht zum Austausch von Informationen bestimmt sind, erwartet man als Entgegnung nur ein einfaches *„Hallo"* oder *„Ganz meinerseits"* oder *„Freut mich ebenfalls, Sie zu sehen."*

Wenn Sie und die andere Person denselben Weg haben und Sie an einer gehaltvollen Diskussion nicht interessiert sind, möchten Sie vielleicht gern die Zeit füllen, indem Sie etwas ausführlicher auf das Eröffnungsritual antworten oder ein unwichtiges Allerweltsthema aufgreifen, z.B.:
„Wie finden Sie das Wetter?"
„Wie läuft's Geschäft?"
„Was machen die Kinder?"
„Wie fanden Sie das Fußballspiel/Tennismatch gestern abend?"

II. Fakten

Nach dem Austausch von Gemeinplätzen geht man im allgemeinen zu Fakten über. Bei neuen Beziehungen sind das gewöhnlich die elementaren Fakten des Lebens wie etwa: Beruf, Familienstand, Kinder, Wohnort, Interessen:
„Ich arbeite als Sekretärin bei der BASF."
„Ich geh' jeden Sonntag zum Wandern in den Pfälzer Wald."

Bei bereits bestehenden Beziehungen geht es in der Regel um die Ereignisse der letzten Zeit:
„Meine Mutter ist zu Besuch, ich gehe mit ihr bummeln."
„Mein Arbeitgeber hat beschlossen, mich für zwei Wochen auf ein Fortbildungsseminar nach Frankfurt zu schicken."

Zu Beginn ähnelt der Austausch von Fakten stark einem

Einstellungsgespräch. Jede Seite versucht herauszufinden, ob es genügend Gemeinsamkeiten gibt, die eine Beziehung lohnenswert machen. In einer unserer Seminarpausen hörte sich das gegenseitige Vortasten von zwei Teilnehmern mal so an:

Herr P.: *„Mögen Sie Fußball? Ein paar von uns gehen fast jede Woche ins Stadion."*
Herr I.: *„Danke, ich hab' wirklich nicht viel für Fußball übrig. Joggen Sie?"*
Herr P.: *„Nein, aber ich mach' Hanteltraining."*
Herr I.: *„Nun, manchmal würde ich das auch gern machen, aber ich fürchte, es paßt nicht so recht zu Yoga. Sie machen nicht Yoga, oder?"*
Herr P.: *„Nein."*

Und so weiter. Nach einer Weile lächelten die beiden und trennten sich mit einem unverbindlichen „Wir sehen uns sicher noch". Da sie einander so wenig zu sagen hatten, ist es kein Wunder, daß keiner von ihnen irgendeine Anstrengung unternommen hat, den anderen nach Seminarende wiederzusehen.

III. Meinungen

Meinungen vermitteln anderen ein persönlicheres Bild als Fakten oder Gemeinplätze. Jemand, der wissen will, was für ein Mensch Sie wirklich sind, kommt, wenn er Ihre Ansichten über Politik, Geld, Religion und Liebe kennenlernt, dem näher, als wenn er lediglich weiß, daß Sie in Nordrhein-Westfalen aufwuchsen und Computerfachmann sind.

Wenn Sie Ihre Ansichten relativ vorurteilsfrei äußern, können Sie dem Gesprächspartner Stoff für ein anregendes Gespräch liefern. Jeder sieht die Realität aus einer etwas anderen Perspektive, und die Erkundung dieser Unterschiede kann informativ und zugleich spannend sein.

Formulieren Sie andererseits Ihre Ansichten als Fakten, machen Sie laut Will Rogers „unmißverständlich deutlich, daß Sie an der Fortsetzung des Gesprächs wenig interessiert sind".

Hier einige Beispiele zu persönlichen Ansichten:

„Ich lebe lieber in einer Kleinstadt. Da kenn' ich jeden."
„Du solltest lieber eine Eigentumswohnung kaufen, wenn du fürs Alter vorsorgen willst."
„Ich möcht' erst 'mal viele Partner kennenlernen, eh' ich mich auf einen ernsthaft einlasse."
„Ich kaufe mir lieber ein Auto mit Dieselmotor, das ist sparsamer und umweltfreundlicher".

IV. Gefühle

Anders als Fakten und Meinungen beschreiben Gefühle nicht nur die Ereignisse und Ihre Ansicht darüber, sondern spiegeln Ihre gefühlsmäßige Reaktion auf die Ereignisse wider. Aus diesem Grund ist man allgemein der Ansicht, daß die Äußerung von Gefühlen den tiefsten Einblick in unser Wesen gewährt. Die folgenden Beispiele sollen den Unterschied verdeutlichen:

a) Tatsache: *Frauen werden bei der Einstellung benachteiligt.*
Meinung: *Frauen sollten nach den gleichen Kriterien wie Männer eingestellt werden.*
Gefühl: *Ich war verärgert und frustriert, als mein Kollege und nicht ich zum Abteilungsleiter befördert wurde.*

b) Tatsache: *Ich stelle mindestens fünf offene Fragen am Tag.*
Meinung: *Es war der Mühe wert, offene Fragen zu stellen.*
Gefühl: *Ich bin begeistert, wie die Leute sich mir zuwenden, seit ich offene Fragen stelle.*
Die Offenlegung von Fakten und Meinungen ist wichtig, aber wenn Sie nicht Ihre Gefühle äußern, werden die anderen Sie wahrscheinlich zusehends für kalt und seicht halten und glauben, daß Sie keine engere Beziehung wünschen. Außerdem ist es für Ihr seelisches Gleichgewicht und Ihr körperliches Wohlbefinden hilfreich, Ihre Gefühle auszudrücken und sie nicht hinunterzuschlucken.

Darüber hinaus vermeiden Sie durch Ihre Offenheit die frustrierende und sinnlose Strategie, darauf zu hoffen, daß die anderen Ihre Gefühle berücksichtigen, selbst wenn Sie ihnen noch nie gesagt haben, was Sie selbst fühlen.

Üben Sie, Gespräche anzuknüpfen!
Was Sie gewinnen können, ist das Beste,
was das Leben zu bieten hat: Sympathie und die
Herzen Ihrer Mitmenschen.

Typische Probleme
bei der Selbstoffenbarung

1. Sie zählen nur Fakten auf, ohne deutlich zu machen, wie Sie persönlich dazu stehen.

Ein eindrucksvolles Beispiel hierzu bot uns in einem unserer Seminare Herr D. Er beklagte sich, daß keiner ihm zuhöre, wenn er etwas über sich erzähle. Wir schlugen ihm vor, in einem Rollenspiel eine einfache Situation darzustellen, um zu sehen, worin eventuell das Problem bestand.

„Was", so fragten wir ihn, „haben Sie in Ihrem letzten Urlaub gemacht?" Er antwortete: *„Meine Frau und ich fuhren nach Monte Carlo, wo wir im Plaza Hotel wohnten und einen ganzen Tag lang spielten. Wir verloren etwa 100 DM und amüsierten uns gut."*

Wir gaben Herrn D. zu verstehen, daß er zwar in der Tat die Fakten seiner Reise aufgezählt hatte, seine Selbstoffenbarung aber wenig überzeugend gewesen war. Er hatte über die Situation geredet, aber nicht über sich selbst in der Situation. Sein Gegenüber konnte überhaupt nicht nachempfinden, was in ihm vorgegangen war. Und genau das macht den persönlichen Kontakt aus.

Herr D. versuchte es erneut, dieses Mal schriftlich. Und dies *war das Ergebnis: „Simone und ich fuhren aus Lust am großen Spiel nach Monte Carlo. Ich fing mit den Spielautomaten an und nahm mir vor, nach 10 DM Verlust aufzuhören. Nach ein paar Minuten drückte ich den Hebel und wurde zum Star. Der Summer ertönte, rote Lampen blinkten, und alle schauten mich an und lächelten. Ich war so aufgeregt, daß ich in die Hände klatschte und laut nach meiner Frau rief. Ich hatte gewonnen! Zugegeben, es waren nur 15 DM, aber ich war so begeistert, als hätte ich 'ne Million gewonnen. Das Gefühl war so toll, daß ich 5 Stunden und 60 DM opferte, um es noch einmal zu erleben."*

Frau H. hatte ebenfalls große Schwierigkeiten damit, andere für das zu interessieren, was sie über sich zu sagen hatte. Ihren Beruf beschrieb sie zunächst wie folgt: *„Ich bin Buchhalterin für mehrere kleine Firmen. Ich halte die Bücher in Ordnung und sorge dafür, daß sie ihre Steuern korrekt zahlen."*

Sicher werden Sie, liebe Leserin, lieber Leser, sich auch kaum von einer solchen Beschreibung angesprochen fühlen. Es fehlt einfach das Lebendige, das „Fleisch". In einem zweiten Anlauf versuchte Frau H. das zu berücksichtigen, was eine gute Selbstoffenbarung ausmacht: Fakten, Meinung und Gefühle.
„Ich bin Buchhalterin für mehrere kleine Firmen. Wenn ich manchmal die Zahlen so hinschreibe, fange ich an, über die Tausende von Mark nachzudenken, für die sie stehen. Dann werde ich nervös, weil ich fürchte, einen Fehler gemacht zu haben. Wenn dieses Gefühl über mich kommt, gehe ich die Zahlen zur Sicherheit ein weiteres Mal durch. Manchmal sind die vorgelegten Bücher völlig ungeordnet - die Zahlen überall hingekritzelt. Obwohl ich dann ständig murre, stelle ich mich freudig der Herausforderung, alles in Ordnung zu bringen, damit die Endsummen stimmen."

Haben Sie es auch gespürt? Auch wenn die Buchhalterei vielleicht nicht unsere Lieblingsbeschäftigung ist und wir ganz andere Gefühle bei unserer Buchhaltung haben, rückt uns Frau H. näher. Wir können uns jetzt ein Stück in sie hineinversetzen.

2. Sie projizieren ein falsches Bild von sich.

Viele Menschen übertreiben ihre guten Seiten und unterschlagen ihre Fehler. Sie versuchen, sich so zu geben, wie sie glauben, daß es ihr Gegenüber von ihnen erwartet. Mit einem solchen Manöver hoffen sie darauf, gut beim anderen anzukommen und anerkannt zu werden. Angst vor Ablehnung und Selbstablehnung stehen hinter diesem fassadenhaften Verhalten. In Wirklichkeit handeln Sie sich jedoch nur Probleme damit ein.

Ihr Verhalten wird zu einem der beiden Ergebnisse führen:
a) Die andere Person wird Sie zurückweisen, weil sie das von Ihnen entworfene „perfekte" Ich nicht anziehend findet (was Sie wünschen läßt, man hätte Sie so akzeptiert, wie Sie wirklich sind).

b) Die andere Person findet Ihre beschönigende Selbstdarstellung anziehend. In diesem Fall werden sie nicht fähig sein, die Ihnen entgegengebrachte Wärme und Anerkennung als etwas zu erfahren, das Ihnen wirklich zukommt. Nicht Ihnen, sondern der von Ihnen fingierten Person werden sie entgegengebracht. Zudem werden Sie sich nie einfach entspannen und Sie selbst sein können, da Sie immer befürchten müssen, daß man die Farce durchschaut. Mit ziemlicher Sicherheit hat dies nur den einen Vorteil, daß Sie Ihre Lügen beichten müssen.

Betrachten wir die Erfahrungen von Frau T.:

Frau T.: *„Kurz nachdem ich Matthias traf, redeten wir über Kinder. Er sagte, er sei ein Kindernarr und hätte gern einen ganzen Haufen davon. Ich stimmte zu, weil ich einfach glaubte, daß er genau das hören wollte. Aber die Wahrheit ist: Ich könnte so ein kleines Balg keine 20 Jahre lang aushalten. Ich bin einfach kein mütterlicher Typ. Wir kamen uns wirklich nah, und das Nächste war, daß er mich heiraten wollte. Nun, an diesem*

Punkt mußte ich ihm reinen Wein einschenken. Er fing schrecklich an zu heulen und rannte weg. Ich fühlte mich wegen der ganzen Sache elend und tu's immer noch. Ab und zu treffe ich Matthias bei der DLRG, aber er will nicht mit mir reden."

Hier noch einige „milde" Beispiele für Fassaden, hinter denen wir uns gerne verbergen. Wir geben in der Unterhaltung aus Angst vor einer Blamage Wissen vor, das wir nicht haben: Wir tun so, als ob wir etwas von Politik oder einem anderen Thema verstünden. Wir geben vor, die neuesten Romane von der Bestsellerliste zu kennen, den neuesten Film gesehen zu haben. Wir trauen uns nicht nachzufragen, wenn wir etwas nicht verstanden haben - um nicht zu erkennen zu geben, daß wir uns nicht auskennen.

Wenn Sie Ihnen unbekannte Menschen treffen, dann ist es nur zu empfehlen, ehrlich und genau zu sein. Will ein Mann oder eine Frau mit jemandem befreundet sein, der reicher oder konservativer oder stärker an Briefmarken oder alten Autos interessiert ist als Sie, gut und schön. Es ist gewiß nicht Ihre Schuld, wenn Sie den Ansprüchen anderer nicht entsprechen.

Es ist besser, andere wissen von Anfang an, daß Sie nicht deren Vorstellungen verkörpern, als erst nach einer ganzen Weile. Dann ist die Enttäuschung nur um so größer. Sie werden niemals den Vorstellungen aller Menschen entsprechen können - wahrscheinlich noch nicht einmal denjenigen von den Menschen, mit denen Sie gerne Kontakt haben möchten.

Denken Sie nur einmal an einige der Leute, die Sie bewundern oder mit denen Sie gern reden würden, wenn das möglich wäre: Vielleicht Steffi Graf, Richard von Weizsäcker, Thomas Gottschalk, Karl Lagerfeld, Ulrich Wickert, ...

Diese Personen sind sehr populär, aber keiner von ihnen findet auch nur annähernd 100%ige Zustimmung. Wenn keiner von ihnen das schafft, wie können Sie erwarten, daß jeder Sie mag? Es viel klüger, ehrlich zu sagen, wer Sie sind, und sich mit denjenigen zu befreunden, die Sie mögen.

Wenn Sie Ihre Unwissenheit in bestimmten Wissensgebieten zugeben, können Sie sogar auch hierdurch das Interesse anderer gewinnen. Die meisten Menschen erklären Dinge, über die sie Bescheid wissen, gerne und fühlen sich dabei wichtig und gebraucht.

Sollten Sie dennoch hartnäckig die Meinung beibehalten, daß jeder vor Ihnen davonlaufen würde, würde er erfahren, wie Sie wirklich sind, dann sollten Sie jetzt auf der Stelle nochmals zu den Kapiteln 8 und 9 zurückblättern, in denen es um diese blockierenden negativen Einstellungen geht.

3. Sie bekennen sich nicht zu Ihren Äußerungen.

Viele Menschen tarnen ihre Meinungen aus Angst vor Konflikten und vor Ablehnung.

Sie vermeiden in ihren Aussagen die Ich-Form.
Zum Beispiel bekannte einmal ein Student und Seminarteilnehmer aus Heidelberg: *„Sie schuften Tag für Tag und fühlen sich elend dabei und fragen sich: Warum sollen Sie sich kaputtmachen, wenn rein gar nichts dabei 'rauskommt?"*

Anscheinend sprach er von sich, aber dieses ständige „Sie" schien darauf hinzuweisen, daß er von seinem Gegenüber sprach. Sehen Sie, man hätte ihn besser verstanden, hätte er sich zu seinen Äußerungen bekannt und jede mit „Ich" begonnen: *„Ich schufte Tag für Tag und fühlte mich elend dabei und fragte mich: Warum soll ich mich kaputtmachen, wenn rein gar nichts dabei 'rauskommt?"*

In diesen Zusammenhang gehört auch die Verwendung der Wörter „man" statt „ich" oder „wir" statt „ich". Viele Menschen verstecken ihre Meinung hinter der Allgemeinheit, indem sie von „man" oder „wir" sprechen wie z.B.: *„Man sollte doch nicht gleich beim ersten Mal Sex haben."*

Ich könnte, sollte, würde
Wörter wie „könnte", „sollte", „würde" gehören ebenfalls auf die

Verbotsliste. Hinter unverbindlichen Formulierungen wie *„Könntest du bitte ..."* *„Dürfte ich Sie mal fragen?"* *„Hätten Sie für mich ...?"* *„Hättest du morgen Zeit?"* verbergen wir unsere Wünsche. Besser ist es, die Bitte direkt zu äußern: *„Ich möchte ..."* *„Hast du Zeit?"* *„Ich brauche Hilfe."* Wir laufen dann zwar Gefahr, ein Nein zu erhalten, können das aber besser wegstekken, nachdem wir unser Selbstvertrauen gestärkt haben.

Falsche Verneinungen
Falsche Verneinungen schwächen ebenfalls die Aussagekraft. Z. B.: *„Können wir nicht mal kurz nach draußen gehen?"* *„Ist das nicht ein wundervolles Fest?"*

Einschränkungen
Eigentlich, vielleicht, irgendwie, nur so, mal, einfach ... sind Füllwörter, die meist Zweifel an den eigenen Fähigkeiten signalisieren. Z.B.: *„Eigentlich könnte ich jetzt gehen".* Sie entkräften die eigene Meinung.

Sie formulieren Meinungen und Gefühle als Fragen.
Ein anderes in diesen Zusammenhang gehörendes Problem, das vor allem unter Frauen weit verbreitet ist, besteht darin, Meinungen oder Gefühle als Fragen zu formulieren.

Wenn Sie Ihre Überzeugungen und Gefühle hinter Fragen wie *„Glaubst du nicht, daß es ein bißchen spät wird?"* und *„Ist das nicht schrecklich teuer?"* verbergen, fällt es anderen leicht, Sie mit Antworten wie *„Nein, das Fest hat noch gar nicht richtig angefangen"* und *„Wir können es uns leisten"* abzutun. Wenn andere Sie ernst nehmen sollen, sollten Sie direkte Aussagen machen und diese durch Verwendung der 1. Person als Ihre eigenen kennzeichnen: *„Ich bin müde und möchte jetzt gehen"* und *„Ich glaub' nicht, daß wir uns das leisten können."*

4. Sie halten sich zurück, weil Sie fürchten, den anderen zu langweilen.

In diesem Zusammenhang gibt es eine alte Redewendung:

„Hättest du geschwiegen, würde man dich weiterhin für weise halten." Leider stimmt diese Redewendung nicht immer. Wenn wir schweigen, können uns andere ebenfalls für dumm und uninteressant halten.

Viele Menschen unterschätzen die Bedeutung ihrer Person. Sie sind so wenig von sich überzeugt, daß sie denken, auch andere könnten nichts mit ihnen anfangen. Sie befürchten, ihren Gesprächspartner zu langweilen und ihm nichts bieten zu können. Sie reden sich beispielsweise ein, nur weil sie kein Abitur haben, könnten sie im Gespräch nicht mithalten.

Doch wie wir bei unserem Gesprächspartner ankommen, hängt von dessen Erwartungen ab. Das, was andere Menschen von uns wollen, ist sehr unterschiedlich. Da gibt es Menschen, die einen Zuhörer benötigen, andere suchen einen Unterhalter, einen Berater, einen Mutmacher, einen Animateur, einen Vermittler, einen Verantwortungsträger, einen Wissensvermittler, einen Bewunderer, einen Hilflosen ... Und die Menschen erwarten sogar zu unterschiedlichen Zeiten Unterschiedliches von einer Unterhaltung.

So mag es sein, daß sich ein Gesprächspartner in einer bestimmten Situation tatsächlich langweilt, weil Sie sich nicht gemäß seiner Erwartungen verhalten. Zu einem anderen Zeitpunkt hingegen fühlt er sich ausgesprochen wohl in Ihrer Nähe.

Wenn Ihr Gesprächspartner es möchte, können Sie ihm das Geschenk einer persönlichen Beziehung machen. Fast jeder beklagt den Mangel an persönlicher Nähe in unserer Gesellschaft. Die meisten Menschen haben nur wenige enge Freunde, und viele haben überhaupt keine. Viele haben den Eindruck, daß sie den ganzen Tag von Lehrern oder Arbeitgebern, von Arbeitskollegen, Tankstellenwärtern oder Angestellten im Supermarkt und oft sogar von ihren Angehörigen nur wie Nummern behandelt werden. Wenn Sie sich angesichts dieser Tatsache aufrichtig bemühen, zu jemandem eine persönliche Beziehung herzustellen und mit ihm in Kontakt zu bleiben, werden Ihre Anstrengungen wahrscheinlich belohnt werden.

5. Ihr Gegenüber glaubt Ihnen nicht.

Selbstoffenbarung verhilft gewöhnlich zu lohnenden und engen Beziehungen - aber nur dann, wenn diejenigen, denen gegenüber Sie sich öffnen, glauben, daß Sie die Wahrheit sagen. Es gibt mehrere Möglichkeiten, die Chancen hierfür zu verbessern:

a) Machen Sie genaue Angaben.

Fügen Sie Ihrer Selbstoffenbarung Namen, Daten und Orte bei. So wirkt z.B. die Feststellung *„1977 arbeitete ich in Afrika"* weniger glaubwürdig als die präzisere Formulierung: *„Ich hab' im Sommer 1979 in Malmö, Schweden Deutsch unterrichtet"*.
Statt sich mit allgemeinen Wendungen wie „müde", „glücklich", „ängstlich" und „aufgebracht" zu beschreiben, sollten Sie Ihre Gefühle anschaulich mit Worten darstellen. Zum Beispiel: *„Meine Hände zitterten, meine Knie schlotterten. Ich öffnete den Mund zum Schreien, aber brachte keinen Ton heraus."* Das ist viel glaubhafter und viel interessanter.

b) Geben Sie etwas Negatives von sich preis.

Wenn Sie ein ausgewogenes Bild von sich vermitteln, wird man Ihnen wahrscheinlich eher glauben, als wenn Sie sich in einem ausschließlich positiven Licht zeigen. Ihre Erfolge, z.B. bei der Arbeit oder auf dem Sportplatz, sind plausibler, wenn Sie auch von ein oder zwei Problemen, die Sie hatten, berichten.

c) Lassen Sie sich überzeugen.

Wenn Sie nicht sofort Ihre Meinung äußern, sondern stattdessen erst das Für und Wider eines Themas diskutieren, wird der andere die Schlußfolgerung, zu der Sie gelangen, wirklich für die Ihre halten.

Kapitel 17
Wie Sie Anerkennung ausdrücken

Herr V. lebte 21 Jahre lang mit seiner Frau zusammen. Seine Frau fühlte sich von ihm ungeliebt, da ihm niemals „Ich liebe dich" oder irgendeine andere liebevolle Äußerung über die Lippen kam. Als sie ihm das schließlich im Zuge einer Trennung vorwarf, erwiderte er: *„Liebling, du weißt doch, daß ich dich immer geliebt habe. Deshalb habe ich dich doch geheiratet. Und ich liebe dich immer noch. Wenn es nicht mehr so wäre, hätte ich dir das doch schon längst gesagt".*

Nach Ansicht des Psychologen William James „sehnt sich der Mensch in seinem innersten Wesen nach Anerkennung". Wenn Sie einer der wenigen Menschen (vielleicht gar der einzige) im Leben Ihres Gegenübers sind, der diese „Sehnsucht nach Anerkennung" befriedigt, betrachtet er Sie wahrscheinlich als wahren Freund.

Es ist erwiesen, daß andere Sie mit größerer Wahrscheinlichkeit für mitfühlend, verständnisvoll und sogar anziehend halten, wenn Sie ihnen Komplimente machen. Dagegen fand eine Studie heraus, daß Ehepaare, die sich keine Komplimente mehr machten, einander zusehends weniger anziehend fanden. Zudem werden andere, wenn sie merken, daß Sie Ihre Gefühle ihnen gegenüber ausdrücken, sich Ihnen gegenüber mit weit größerer Wahrscheinlichkeit öffnen. So können Sie mit wenig Aufwand eine positive Verständigung erreichen, die Ihren Beziehungen Wärme und Nähe verleiht.

Ein letzter und überaus wichtiger Grund, Anerkennung zu äußern, besteht darin, daß dadurch ein positives Klima entsteht, in dem die Menschen um Sie herum innerlich wachsen und ihre menschlichen Möglichkeiten entfalten können.

Viele Menschen glauben, daß ihre Kinder, Freunde, Mitarbeiter und Ehepartner träge würden und sich auf ihren Lorbeeren ausruhten, wenn sie ihnen gegenüber Lob und Anerkennung äußerten. Daher bestärken sie andere eher darin, sich den Wahlspruch „Genug ist niemals genug" zu eigen zu machen und nie mit etwas zufrieden zu sein.

Umfangreiches psychologisches Material legt die Vermutung nahe, daß diese „negative" Strategie nur selten funktioniert und oft sogar schädlich ist. Statt ständig nach Anerkennung zu trachten und sich umso mehr zu bemühen, neigen Menschen, die nur negative Rückmeldung bekommen, im allgemeinen eher dazu, extrem vorsichtig und unsicher zu werden und sich zusehends für unfähig zu halten. Nach einer Weile geben sie ihre Versuche einfach auf. Von den wenigen, die durch eine solche Strategie zu Höchstleistungen angestachelt werden, freuen sich wiederum nur wenige über ihren Erfolg. Die meisten sind insgeheim durch die in der Vergangenheit erfahrene Kritik so beeinflußt, daß sie immer etwas an sich auszusetzen haben. Kürzlich gestand uns ein Mann, der im vergangenen Jahr 16 Stunden pro Tag gearbeitet und 250.000 DM verdient hatte, allen Ernstes, er hätte es bei seiner Intelligenz eigentlich auf 500.000 DM bringen müssen.

Obwohl Lob und Anerkennung so wirkungsvoll sind, setzen sie die meisten von uns nur wenig im Kontakt mit anderen ein. Wir halten es für selbstverständlich, daß die Menschen um uns herum sich nach unseren Vorstellungen verhalten. Wir glauben, keine großen Worte darum machen zu müssen, wenn es so läuft, wie wir es erwarten.

Nur wenige Mütter loben ihre Kinder, wenn sie sich beim Essen oder Spielen kooperativ verhalten. Und nur wenige Nachbarn danken einander jemals für einen ruhigen Abend.

Erst wenn andere sich nicht so verhalten, wie wir es gern hätten, widmen wir ihnen unsere besondere Aufmerksamkeit, und das sehr schnell. Dann üben wir Kritik und erklären bis ins Detail, weshalb ihr Verhalten „schlecht" oder „falsch" sei, und warum sie besser das von uns Verlangte tun sollten. Einige schreien laut und stoßen Drohungen aus, ja, sie schlagen andere sogar, um Gehorsam zu erzwingen.

Mit diesen beiden Strategien, Positives nicht zu beachten und Negatives zu kritisieren, bekommen wir jedoch ein Problem: Wir erreichen nicht, was wir wollen. Wenn wir ein von uns gewünschtes Verhalten nicht beachten und unerwünschtes Verhalten bestrafen, werden wir anderen kaum beibringen können, wie sie sich verhalten sollen. Oder anders ausgedrückt: Andere Personen zeigen mit größerer Wahrscheinlichkeit das von Ihnen gewünschte Verhalten, wenn Sie sie dafür belohnen, als wenn Sie abweichendes Verhalten bestrafen.

Schauen wir uns das am Beispiel von Frau V. an, deren alte Mutter sie täglich mit Telefonanrufen bombardierte.

In diesen Telefonaten wußte die Mutter über nichts anderes zu berichten, als sich über ihr Leben zu beklagen. Sie sei so allein, alle Nachbarn würden sich immer mal wieder zum Kaffeekränzchen treffen, aber sie werde noch nicht einmal von ihnen gegrüßt. Niemand wolle etwas mit ihr zu tun haben. Auch die Tochter wolle nichts von ihr wissen und überhaupt sei die Welt so schlecht.

Frau V. hörte sich dann jedesmal die lange Litanei an, bekam immer mehr Schuldgefühle. Sie hatte schon lange aufgehört, zu versuchen, die Klagen der Mutter zu entkräften, oder ihr Vorschläge zu machen, wie sie ihren Alltag anders gestalten könnte. Mit einem kurzen „Mmh" oder „ja, Mutter" bestätigte sie lediglich ab und zu die Klagen.

Nach den Beratungsgesprächen bei uns beschloß Frau V., ihr Verhalten zu verändern. Sie reagierte nur noch, wenn die Mutter gelegentlich mal eine freundlichere optimistischere Bemerkung machte. Wenn sie erwähnte, daß eine Nachbarin ihr den schweren Abfalleimer rausgetragen hatte, daß der Pfarrer sie besucht oder der Briefträger sich nach der Tochter erkundigt hatte, bestärkte sie die Mutter darin und stellte ihr offene Fragen. Wenn sie klagte, reagierte sie gar nicht.

Nach kurzer Zeit änderte sich das Verhalten der Mutter. Sie lenkte ihren Blick häufiger auf die kleinen positiven Ereignisse und erzählte Frau V. davon.

Natürlich hat sich dadurch nicht die grundsätzliche Lebenseinstellung der Mutter verändert, aber Frau V. kann diese täglichen Telefongespräche jetzt gelassener angehen. Außerdem erlebt die Mutter zumindest täglich einige Zeit, in der sie sich besser fühlt, denn das Erzählen positiver Ereignisse versetzt sie auch in eine positivere Stimmung.

Es ist nicht nur deswegen sinnvoll, Freude, Lob und aufrichtige Anerkennung zu signalisieren, weil sie andere ermutigt, sich in der von Ihnen gewünschten Weise zu verhalten, sondern auch einfach deswegen, weil jene Ihnen gegenüber wahrscheinlich ein gutes Gefühl haben werden.

Wie Sie auf wirkungsvolle Weise direkte Anerkennung ausdrücken

Die üblichste Art, Anerkennung auszudrücken, besteht darin, direkte Anerkennung zu äußern. Ein solches Lob oder Kompliment teilt dem anderen ohne Umschweife mit, was Ihnen an seinem Verhalten, seiner äußeren Erscheinung und dem, was er besitzt, gefällt. Natürlich geht es nicht darum, dem anderen etwas vorzugaukeln, was Sie nicht wirklich meinen. Es geht darum, daß Sie sich bemühen, am anderen etwas Positives zu finden, und es ihm mitteilen. Und zwar nicht, um ihn zu manipulieren oder weil Sie etwas von ihm wollen, sondern weil Sie eine angenehme Gesprächsatmosphäre schaffen wollen, die Ihnen beiden gut tut.

Wenn wir diese Technik bei Seminaren behandeln, bitten wir gewöhnlich unsere Teilnehmer als erstes, uns oder jemandem aus dem Kurs Komplimente zu machen. Die Komplimente sollten aus einer der drei Kategorien: Verhalten, äußere

Erscheinung oder Besitz stammen. Hier ist je eines der Komplimente, die wir anfangs pro Kategorie bekamen:
Verhalten: *„Sie sind ein guter Trainer."*
Äußere Erscheinung: *„Sie haben einen hübschen Haarschnitt."*
Besitz: *„Ihre Schuhe gefallen mir."*

Derartige Komplimente lassen sich auf zweierlei Weise verbessern und in der Wirkung steigern:

1. Machen Sie präzise Angaben:
Ihre positiven Bemerkungen klingen stärker und glaubwürdiger, wenn Sie Ihrem Gegenüber präzise sagen, was Ihnen gefällt, und wenn Sie deutlich machen, daß jede Bemerkung einzig und allein der angesprochenen Person und sonst niemandem gilt. Zum Beispiel:

Verhalten: *„Ich mag die Art, wie Sie sich um jeden von uns persönlich kümmern."*
Äußere Erscheinung: *„Der neue Haarschnitt steht Ihnen wirklich gut zu Gesicht."*
Besitz: *„Diese braunen Slipper passen gut zu Ihren khakifarbenen Hosen."*

2. Nennen Sie Ihr Gegenüber bei seinem Namen:
Seit Platon und Sokrates weiß man, daß die meisten Menschen den Klang ihres Namens am allerschönsten finden und daher auf Sätze, in denen er vorkommt, mit gesteigerter Aufmerksamkeit reagieren. Darüber hinaus zeigt die Verwendung des Namens einer Person, daß jedes geäußerte Kompliment allein auf sie gemünzt ist. Zum Beispiel:

Verhalten: *„Herr Garner, ich mag die Art, wie Sie sich um jeden von uns persönlich kümmern."*
Äußere Erscheinung: *„Frau Wolf, der neue Haarschnitt steht Ihnen wirklich gut zu Gesicht."*
Besitz: *„Herr Garner, diese braunen Slipper passen gut zu Ihrer khakifarbenen Hose."*

Wie Sie negative in positive Äußerungen verwandeln

Manchmal sehen wir auf den ersten Blick an unserem Gegenüber nur Negatives. Wollen wir dennoch für eine entspannte, angenehme Gesprächsatmosphäre sorgen, müssen wir uns darum bemühen, auch etwas Positves am anderen zu finden, bzw. das Negative positiv zu formulieren.

Wenn Sie es wirklich wollen, finden Sie fast immer einen Weg, destruktive Kritik in konstruktives Lob umzumünzen. Zumindest können Sie andere, statt ihr Versagen zu kritisieren, dafür loben, daß sie sich ein wenig verbessert oder es wenigstens versucht haben. Betrachten Sie hierzu die folgenden Beispiele:

Statt zu sagen ...	könnten Sie sagen ...
„Es ist jammerschade, daß du keine Gehaltserhöhung bekommen hast."	„Karin, ich find's Klasse, daß du deinem Chef gesagt hast, was du willst, auch wenn du's nicht bekommen hast. Was meinst du, was du als nächstes tun kannst, damit er seine Meinung ändert?"
„Was, fünf Jahre hast du gebraucht, um die Prüfung zu machen? Was hast du denn falsch gemacht?"	Du hast durchgehalten, Andrea. Nicht jeder hätte das geschafft. Wie wirst du's feiern?"
„Hoppla, du bist schon wieder hingefallen. Ich schätze, du wirst noch ein paar Monate warten müssen, bis du's bis zu mir schaffst."	„Glückwunsch, Michael! Du bist einen Schritt weitergekommen als gestern."

Falls jemand etwas tut, was Ihnen nicht gefällt, können Sie ihn zur Änderung animieren, indem Sie jedes in die erwünschte Richtung weisende Verhalten belohnen und unerwünschtes Verhalten nicht beachten.

Statt zu sagen ...	könnten Sie sagen ...
„Du hast schon wieder dein Hemd im Bad liegen lassen. Das ist diese Woche sicher schon das elfte Mal, daß ich dir das gesagt habe."	„Danke, daß du deine Strümpfe in den Wäschekorb getan hast, Laura. Solche kleinen Handgriffe sind mir wirklich eine große Hilfe. Du brauchst nur zu sagen, was du heute zum Abendessen willst und du bekommst es."
„Was für ein Idiot du bist! Wie kann man nur so blöd sein und in drei von fünf Fächern durchfallen?"	„Ich bin froh, daß dir Englisch gefällt. Dein Lehrer hat mir gesagt, du magst besonders Alexander Pope. Zeigst du mir eines von seinen Gedichten, das dir gefällt?" (Sie könnten auch die Fortschritte, die er in den drei nicht bestandenen Fächern zeigte, loben.)

Wenn jemand nie so handelt, wie Sie es gern hätten, können Sie das Verhalten anderer loben, die sich in der von Ihnen gewünschten Weise verhalten. Sie können auch auf diese Weise jemandem klarmachen, was Sie wollen. Manchmal können Sie ihn sogar im voraus loben, damit er es tut. Frau D.'s Anstrengungen verdeutlichen das Vorgehen gut; sie wollte ihren Mann dazu bringen, ihr den Rücken anders als sonst zu massieren:

Frau D.: *„Wenn mich mein Mann zu fest oder nicht richtig massierte [sie lacht] - ich meine, mit zu viel Kraft - dann versuchte ich es so lang wie möglich auszuhalten, bis ich am Ende ärgerlich schrie: „Hör' auf damit!". Dann erstarrte er und wurde förmlich, und die Stimmung war dahin. Dann versuchte ich es mit positiven Äußerungen, sagte z.B.: „Es wär' schön, wenn du noch ein klein wenig sanfter drücken könntest." Oder: „Das ist toll. Jetzt noch ein bißchen tiefer und mehr nach rechts ... Phantastisch!" Nicht nur, daß ich mich wohl fühlte, weil ich nun bekam, was ich wollte, auch er wurde selbstsicherer und spontaner, weil er jetzt wußte, daß es mir gefiel."*

Wie Sie direkte Anerkennung glaubwürdig machen

Es ist ratsam, bei direkten positiven Äußerungen aufrichtig zu sein. Wenn die andere Person auch nur im geringsten vermutet, daß Sie es nicht aufrichtig meinen, wird sie wahrscheinlich künftige Komplimente nicht mehr völlig akzeptieren. Außerdem führen Sie andere durch Ihre Unaufrichtigkeit nur hinters Licht und verstärken ein Verhalten, das Sie in Wirklichkeit nicht wollen.

Es genügt jedoch nicht, ehrlich und aufrichtig zu sein. Wenn Ihre Komplimente wirkungsvoll sein (und Gefühle auslösen) sollen, muß der andere daran glauben, daß sie ehrlich und aufrichtig gemeint sind. In dieser Hinsicht ist es sicher hilfreich, wenn Sie präzise Angaben machen, den anderen beim Namen nennen und lächeln. Darüber hinaus sind Komplimente noch glaubwürdiger, wenn Sie folgendes befolgen:

1. Machen Sie zunächst jedem Ihrer Freunde alle paar Tage nur ein Kompliment. Dann steigern Sie langsam die Häufigkeit Ihres Lobens. Wenn Sie bisher nur selten für jemanden ein freundliches Wort übrig hatten, wird schon eine einzige positive Bemerkung starke Beachtung finden.

2. Formulieren Sie Ihre Komplimente zunächst auf herkömmliche Weise. Unerwartete, überschwengliche Äußerungen werden mit Sicherheit Argwohn erregen. Diesbezüglich empfiehlt eine Studie, daß man neue Bekannte am besten nur gelegentlich beim Namen nennen sollte.

3. Machen Sie Komplimente nur dann, wenn Sie von Ihrem Gegenüber nichts haben wollen. Wenn Sie einem Arbeitskollegen sagen, wie intelligent und kreativ er doch sei, und ihn dann bitten, Ihnen doch bis zum nächsten Ersten 100 DM zu leihen, wird er von Ihrem Lob wahrscheinlich wenig halten.

4. Loben Sie nicht nur. Wer immer nur lobt, dem glaubt man selten. Unwichtiges kann man durchaus kritisieren. Zum Beispiel: *„Danke, daß Sie mir Ihren Rechner geliehen haben, Herr M. Ich hatte anfangs Probleme, damit zurechtzukommen, aber als es erst einmal klappte, war's eine große Hilfe bei der Aufstellung meiner Kalkulationen."*

5. Geben Sie ein Ihnen gemachtes Kompliment nicht einfach zurück. Zum Beispiel: *„Ihre Jacke gefällt mir."* *„Ihre Jacke gefällt mir auch."* Ein solches Lob klingt nichtssagend, als diene es lediglich dazu, etwas Nettes zu erwidern.

6. Loben Sie eine Person, indem Sie ihr Verhalten, ihre äußere Erscheinung und das, was sie besitzt, mit anderen vergleichen. Zum Beispiel: *„Frau H., Sie sind jetzt schon zum zweiten Mal hintereinander die beste Verkäuferin im Geschäft. Wie machen Sie das bloß?"* *„Herr W., ich glaube, keiner ist in der Firma körperlich so gut in Form wie Sie. Wie schaffen Sie es nur, sich so fit zu halten?"* Vergleichen Sie einmal diese Äußerungen mit dem folgenden Kompliment: *„Ich mag Sie ... ich mag alle".* Was meinen Sie, welche Form hat ein stärkeres Gewicht bei Ihrem Gegenüber?

7. Halten Sie Blickkontakt, während Sie das Kompliment aussprechen.

8. Es ist wichtig, daß verbales und nonverbales Verhalten zusammenpassen. Im allgemeinen bedeutet das, daß Sie die im Kapitel 10 erwähnten „LABSAL"-Verhaltensweisen einsetzen sollten. Eine direkte Anerkennung kann in vielen Fällen sogar ohne Worte vermittelt werden, indem man lächelt, zustimmend nickt, dem anderen auf die Schulter klopft oder über den Arm streicht.

9. Vermeiden Sie, das Kompliment mit einer Abwertung Ihrer Person zu verknüpfen wie etwa: *„Sie haben großartig gekocht. Ich wünschte, ich könnte auch so kochen".* Für Ih-

ren Gesprächspartner ist es schwierig, ein Kompliment anzunehmen, wenn er Sie gleichzeitig damit abwertet.

Andere positive Äußerungen, die Sie verwenden können

1. Komplimente, die einem anderen gelten

Diese Komplimente zielen letztlich auf eine andere Person als die, mit der Sie sich gerade unterhalten. Sie können ein für einen Dritten bestimmtes Kompliment anbringen, indem Sie es jemandem in Hörweite des eigentlich gemeinten Adressaten mitteilen. Oder Sie können es jemandem (z.B. einem sehr guten Freund) sagen, von dem Sie annehmen können, daß er es weitergibt. Ein derartiges öffentlich geäußertes Lob ist noch glaubwürdiger und wertvoller als eines unter vier Augen.

2. Weitergegebene Komplimente

Zu einem solchen Kompliment gehört, daß jemand das Verhalten, die äußere Erscheinung und den Besitz einer anderen Person lobend erwähnt und Sie die Botschaft weitergeben. Wie bei direkten Komplimenten ist es auch hier sinnvoll, am Ende eine Frage anzufügen (s. unten).

3. Indirekte Komplimente

Bei dieser Art von Komplimenten drücken Ihre Worte oder Ihr Verhalten Bewunderung aus, obwohl diese Bewunderung nicht direkt geäußert wird. Wenn Sie zum Beispiel eine Frau um Rat bitten, sagen Sie ihr indirekt, daß Sie ihr Urteil schätzen. Wenn Sie einen Mann nach seinem Namen fragen oder ihn namentlich erwähnen, signalisieren Sie indirekt, daß er für Sie wichtig ist. Hier einige Beispiele für indirekte Komplimente:
Frau H.: *„Am letzten Samstag sagte mein Mann zu mir: <Ich möchte das Wochenende nur mit dir verbringen.>"*

Herr T.: *„Jedes Jahr ruft Uwe, ein alter Schulfreund, an und wünscht mir alles Gute zum Geburtstag. Seit einer Reihe von Jahren ist er der einzige, der sich daran erinnert. Junge, ich bin verdammt froh darüber!"*
Frau G.: *„Mein Sohn brachte mir einmal Blumen mit - und dabei hatte ich nicht mal Geburtstag!"*

Wie Sie anderen helfen, direkte Anerkennung zu akzeptieren

Viele Menschen wünschen sich Lob und Anerkennung von ihrem Umfeld, haben gleichzeitig aber auch große Schwierigkeiten, diese anzunehmen. Herr D. beschrieb uns hierzu folgende Verhaltensweisen seiner Frau:

„Meine Frau hat die Angewohnheit, meine ernst gemeinten Komplimente abzuwerten. Ich würde ihr so gerne häufiger ein Kompliment machen, aber es kommt einfach nicht bei ihr an. Sage ich ihr beispielsweise: ‹Donnerwetter, heute siehst du aber gut aus in dem Kleid›, antwortet sie sehr wahrscheinlich: ‹Glaubst du wirklich? Es ist doch nur ein Fummel von meiner Schwester›. Oder wenn ich zu ihr sage, daß sie das Haus prima auf Vordermann gebracht hat, dann antwortet sie womöglich: ‹Na ja, wart' erst mal ab, bis du die Kinderzimmer gesehen hast›. Ich begreife einfach nicht, weshalb sie kein Kompliment akzeptieren kann, ohne sich selber schlecht zu machen. Es verletzt mich und nimmt mir den Mut, sie zu loben."

Wahrscheinlich haben Sie auch schon bemerkt, daß viele Leute sich schwer damit tun, direkte Komplimente zu akzeptieren. Aus Bescheidenheit oder weil sie einfach nicht wissen, was sie sonst sagen sollen, weisen sie oft Ihr Lob als ungerechtfertigt zurück und nehmen Ihnen so den Mut, in Zukunft noch weitere Komplimente zu machen. Vielfach stehen auch die Angst vor übergroßen zukünftigen Erwartungen, wenn man das Kompliment annimmt, oder Minderwertigkeitsgefühle, das Kompliment nicht verdient zu haben, dahinter. Hier noch ein paar Beispiele, wie Komplimente gewöhnlich abgewehrt werden:

Verhalten: *„Oh, ich tu' nur meine Pflicht." „Dafür ging gestern alles schief." „Das war nur Zufall, daß es mir gelungen ist". „Andere sind noch besser."*
Äußere Erscheinung: *„Ich finde, der Frisör hat sie etwas zu kurz geschnitten." „Gestern sah ich besser aus."*
Besitz: *„Gefallen dir diese alten Schuhe wirklich?" „Das neue Kleid war ein Sonderangebot."*

Was auch immer der Grund für dieses Problem sein mag, Sie können etwas dafür tun, damit es für Sie leichter und lohnender wird, Komplimente zu machen, und für den anderen, sie zu akzeptieren: Sie können Ihren Komplimenten Fragen folgen lassen. Offene Fragen sind am geeignetsten, aber eine andere tut's auch. So kann Ihr Gegenüber sich, statt verlegen nach einer Antwort zu suchen, einfach für Ihre Komplimente bedanken und Ihre Fragen beantworten.

Und so sehen nun unsere ursprünglichen Komplimente aus, nachdem sie präzisiert, mit dem Namen des Adressaten versehen und durch eine Frage ergänzt worden sind:

Verhalten: *„Herr Garner, ich mag die Art, wie Sie während der Übungen herumgehen und sich um jeden von uns persönlich kümmern. Sagen Sie mir, welchen Fehler haben Sie am häufigsten festgestellt?"*
Äußere Erscheinung: *„Frau Wolf, ich finde, der neue Stufenschnitt steht Ihnen wirklich gut. Wie kamen Sie darauf, es damit zu versuchen?"*
Besitz: *„Herr Garner, diese braunen Slipper passen gut zu Ihrer khakifarbenen Hose. Weshalb haben Sie sich für diesen Stil entschieden?"*

Wie Sie Komplimente richtig entgegennehmen

Wenn Sie anderen von nun an mehr Komplimente machen, werden Sie aller Wahrscheinlichkeit nach auch selbst mehr bekommen. Wollen Sie, daß dieser positive Austausch sich fortsetzt, sollten Sie dem Gesprächspartner, der Ihnen Komplimente macht, helfen, sich diesbezüglich gut zu fühlen. Wenn Sie sich abwenden, die Komplimente zurückweisen oder das Thema wechseln, wird dies wahrscheinlich nicht der Fall sein.

Andererseits wird Ihr Gesprächspartner wahrscheinlich dankbar sein, wenn Sie ihn fest anblicken und positiv reagieren. Wenn er nun sein Kompliment geschickt mit einer Frage abgeschlossen hat, brauchen Sie nur zu lächeln, ihm zu danken und die Frage zu beantworten. Falls er keine Frage gestellt hat, können Sie lächeln, ihm danken - und ihm vielleicht sogar sagen, wie das Kompliment bei Ihnen ankam.

Das folgende Beispiel von Herrn F. soll dies verdeutlichen: *„Als meine Frau mir sagte, was für ein guter Vater ich doch sei, daß ich mir so viel Zeit nehme, mit den Mädchen zu spielen, nahm ich sie in den Arm und antwortete: ‹Es freut mich, daß du siehst, wie ich mir Mühe gebe. Mein Vater hatte nie viel Zeit für mich. Deshalb geb' ich mir besonders viel Mühe, nicht den gleichen Fehler zu machen›."*

Weitere Regeln, wie Sie auf Komplimente am besten reagieren

1. Halten Sie Blickkontakt.

2. Hören Sie zu, ohne den anderen zu unterbrechen.

3. Vermeiden Sie, das Kompliment abzuwerten: *„Es war nicht schwer für mich." „Das würden Sie nicht sagen, wenn Sie mich gestern gesehen hätten."*

4. Vermeiden Sie es, sich überschwenglich für das Kompliment zu bedanken.

5. Ein Kompliment des anderen verpflichtet Sie zu nichts. Sie dürfen es einfach annehmen.

6. Wenn Sie möchten, können Sie nach dem Dank noch ergänzen: *„Ich fand es sehr nett, daß du ... gesagt hast".* Auf diese Weise belohnen Sie Ihren Gesprächspartner und er wird Sie möglicherweise häufiger loben.

7. Vermeiden Sie auch, das Lob innerlich abzuwerten: „Das hat er nur aus Höflichkeit gesagt." „Wenn der das für gut hält, ist es mit seinem Urteilsvermögen nicht weit her."

Wenn es Ihnen schwerfällt, diese Ratschläge zu befolgen, und sich Gedanken breitmachen wie: „Wenn ich Lob annehme, denkt der andere, ich hätte es nötig." „Ich habe das Kompliment nicht verdient." „Wenn der andere wüßte, was ich sonst für Fehler habe, würde er mich nicht so loben." „Wenn ich das Lob annehme, dann erwartet der andere zu viel von mir." „Der lobt mich nur, weil er etwas von mir will.", dann sollten Sie jetzt nochmals zu Teil II zurückblättern und sich mit Ihren negativen Gedanken auseinandersetzen.

Erinnern Sie sich auch daran, daß das Lob Ihres Gegenübers lediglich dessen Sichtweise beinhaltet. Und Ihr Gegenüber hat ein Recht auf seine ganz persönliche Sichtweise und Bewertung Ihrer Person und Ihres Verhaltens.

Kapitel 18
Wie Sie Ihrem Gegenüber ein gutes Gefühl vermitteln und aktiv zuhören

Gespräche laufen dann besonders erfolgreich, wenn wir und unser Gesprächspartner sich wohl fühlen. Wir selbst können zusätzlich zu der Äußerung von Komplimenten noch viel dafür tun, damit unser Gegenüber sich beachtet fühlt und Vertrauen zu uns entwickelt.

Ihre Bereitschaft, sich auf Ihren Gesprächspartner einzulassen, können Sie durch den Einsatz sogenannter Türöffner mitteilen:

1. Setzen Sie nicht-sprachliche Botschaften ein:
   zustimmendes Kopfnicken
   Blickkontakt
   Zuwendung Ihres Körpers
   unterstützende Äußerungen wie „Hmhm", „genau", „aha"

Dahinter muß natürlich auch Ihre ehrliche Überzeugung stehen, daß Sie den anderen achten, sich bemühen, ihn zu verstehen und ihn näher kennenlernen wollen.

2. Vermitteln Sie durch bestätigende Äußerungen wie *„Ich würde gerne mehr darüber hören", „Da bin ich neugierig"* oder *„Das interessiert mich"* Ihr Interesse.

3. Drücken Sie Ihre Bereitschaft zum Verstehen aus, indem Sie das Gesagte mit eigenen Worten wiederholen. Sie liefern sozusagen ein Echo.

4. Sie können auch eine Absicherungsfrage stellen: *„Habe ich dich richtig verstanden, daß du gerne ...?"* *„Ich weiß es nicht so genau, aber mir scheint, daß du ... bist, habe ich da recht oder irre ich mich?"* Hierzu wiederholen Sie nochmals, was Ihr Gesprächspartner gerade gesagt hat.

Die Verwendung von „Türöffnern" ist für Sie sicher leicht umzusetzen. Sie werden bemerken, wie das Gespräch dadurch am Leben erhalten wird. Im Gegensatz zu dem nachfolgend erklärten aktiven Zuhören werden hier keine persönlichen Gedanken übermittelt.

Wie Sie anderen aktiv zuhören und sie zum Reden ermutigen

Das aktive Zuhören ist eine außerordentlich wirksame und gesprächsfördernde Technik. Sie ermutigt andere zum Reden, während es Ihnen die Gewißheit verschafft, das Gesagte zu verstehen. Damit Sie diese Technik erfolgreich anwenden können, müssen Sie erst einmal verstehen, was geschieht, wenn jemand zu Ihnen spricht.

Zwischenmenschliche Kommunikation beginnt bei einer der beteiligten Personen. Jemand will uns ein Gefühl oder eine Vorstellung mitteilen. Damit seine Botschaft ankommt, muß er sie zunächst verbal und nonverbal in Signale übertragen, die wir verstehen. Welche Signale er wählt, welche Wörter, Gesten und Stimmfärbung er benutzt, um sich verständlich zu machen, wird sowohl durch den Zweck der Rede, die Situation und die Beziehung zu uns, als auch durch Faktoren wie Alter, soziale Stellung, Erziehung, kultureller Hintergrund und seelische Verfassung bestimmt.

Nehmen wir einmal an, Sie spielen einem Freund ein Band von Babra Streisand vor. Die Musik gefällt ihm, aber er möchte sie leiser. Sie können seine Gedanken nicht lesen. Um sich verständlich zu machen, schreit er so laut, daß er die Musik übertönt: „Stell's leiser!" Nachdem die Botschaft abgeschickt worden ist, läuft sie über einen Kanal (normalerweise über den Luftraum zwischen Ihnen beiden oder ein Telefonkabel). Andere Geräusche auf diesem Kanal verzerren oft die Botschaft. In unserem Beispiel verursacht vielleicht Babra Streisands laute Stimme eine ziemliche Verzerrung, sodaß sich die Botschaft, die Ihr Ohr aufnimmt, möglicherweise erheblich von der gesendeten unterscheidet.

Eine weitere Verzerrung tritt unweigerlich auf, wenn Sie die Botschaft dekodieren, d.h. den aufgenommenen verbalen und nonverbalen Zeichen Bedeutung zuordnen. Aus den schätzungsweise 40.000 Signalen, die Ihre Zehen, Ohren, Augen, Hände und die übrigen Körperteile empfangen, können Sie nur wenige herausgreifen und genauer in Augenschein nehmen. Was Sie herausgreifen, wird in erheblichem Maße z.B. von Ihren Erwartungen, Bedürfnissen, Überzeugungen, Interessen, Einstellungen, Ihrer Erfahrung und Ihrem Wissen beeinflußt.

Aus diesem Grund unterscheidet sich die vom Sender beabsichtigte Botschaft oft erheblich von der, die wir mit Hilfe der verfügbaren Zeichen entschlüsseln. Unser Eindruck deckt sich oft nicht mit der Absicht der anderen Person.

In unserem Beispiel würden Sie bei richtiger Deutung der Botschaft des Senders lediglich folgern, daß Sie die Musik leiser stellen sollen. Aber wenn Sie die Botschaft im Sinne von „Ich bin sauer auf dich" deuteten, könnten Sie durchaus unangemessen reagieren.

Botschaften werden oft falsch gedeutet, wobei keiner der Beteiligten je erfährt, daß es ein Mißverständnis gegeben hat. Deshalb ist aktives Zuhören so wichtig. Statt einfach anzunehmen, daß unsere Eindrücke richtig sind, und entsprechend zu reagieren, können wir mit der Technik des aktiven Zuhörens sicherstellen, daß wir richtig dekodiert haben. Sie könnten hier z.B. sagen: *„Du bist sauer auf mich, stimmt das?" „Nein",* würde der Sender wahrscheinlich antworten, *„ich will nur, daß du die Musik leiser stellst."*

Aktives Zuhören, bedeutet, dem Sender mitzuteilen, was seine Botschaft bedeutet

Aktives Zuhören heißt also, daß wir versuchen, zu verstehen, was der Sender empfindet oder was seine Botschaft besagt, und ihm das Verstandene mitzuteilen. Dadurch erfährt er daß wir zuhören, während wir die Möglichkeit haben, uns von ihm unsere Eindrücke bestätigen oder verdeutlichen zu lassen.

Hier einige Beispiele für aktives Zuhören:

Beispiel 1:
Frau G.: *„Ich werd' nie 'ne andere Stelle kriegen.“*
Frau E.: *„Du bist sicher ziemlich frustriert.“* (Aktives Zuhören)
Frau G.: *„Weiß Gott. Wo immer ich mich bewerbe, sagen sie, ich soll die Bewerbungsunterlagen dalassen. Und dann melden sie sich nicht mehr.“*
Frau E.: *„Du glaubst, sie führen dich an der Nase 'rum.“* (Aktives Zuhören)
Frau G.: *„Genau. Wenn sie keine Stelle haben, weshalb sagen Sie es nicht einfach?“*

Beispiel 2:
Ehemann: *„Ich möchte nicht, daß du heute abend zum Kartenspielen gehst.“*
Ehefrau: *„Du siehst es nicht gern, daß ich mich ohne dich vergnüge.“* (Aktives Zuhören)
Ehemann: *„Das ist es nicht. Weißt du, ich möchte einfach heute abend nicht allein sein.“*

Beispiel 3:
Ellen: *„Ich möchte nach Hause.“*
Sven: *„Es gefällt dir hier nicht.“* (Aktives Zuhören)
Ellen: *„Stimmt. Wenn der Reiseleiter uns nicht ständig 'rumhetzen würde, wär's vielleicht besser.“*
Sven: *„Es wär' dir lieber, wenn er uns mehr Freizeit geben würde.“*

Ellen: „Ja. Ich glaub', ich sag' es ihm jetzt sofort."

Aktives Zuhören hält das Gespräch in Gang

Sie merken an diesen Beispielen: Aktives Zuhören ist ein aus-
gezeichnetes Mittel, andere zum Reden zu ermuntern. Das
von uns gezeigte Interesse wird die Gesprächspartner oft dazu
anregen, ausführlicher Stellung zu nehmen. Die Tatsache, daß
wir ihre Gedanken und Gefühle nicht kritisch begutachten,
verurteilen oder in Frage stellen, wird ihnen helfen, sich wohl
zu fühlen, sich mehr und intensiver zu öffnen, als sie es sonst
vielleicht tun. Das Gegenteil von aktivem Zuhören sind Strategien wie: Vorurteile, Bewertungen und Kritik äußeren, zureden, moralisieren, monologisieren, ermahnen, befehlen, unterbrechen, Lösungen vorschlagen, belehren, widersprechen, beschimpfen, interpretieren. Diese führen beim Gegenüber zu:
Unbehagen, Angst, Schuldgefühlen, Gefühlen des Bedroht-
seins, zu Aggressionen.

**Aktives Zuhören richtet die Aufmerksamkeit auf den Ge-
sprächspartner**

Aktives Zuhören hilft auch bei der Lösung des ewigen Pro-
blems, daß wir nichts zu sagen wissen. Wenn Sie des öfteren
keinen Ton herausbringen, versuchen Sie sich wahrscheinlich
auf zwei Gespräche zugleich zu konzentrieren: auf das mit der
anderen Person und das mit sich selbst. (Letzteres dreht sich
typischerweise meist darum, daß man sich über sein eigenes
Verhalten Sorgen macht. Das Paradoxe: Je besorgter Sie werden, desto unfähiger werden Sie, sich richtig zu verhalten.)

Aktives Zuhören macht Ihnen Mut, dieses irritierende
Selbstgespräch zu lassen, sich stattdessen um das, was der andere sagt, zu kümmern und intensiv zu erleben, was dieser im
Augenblick fühlt. Wenn Sie sich mehr auf Ihren Gesprächspartner als auf sich selbst konzentrieren, werden Sie überrascht feststellen, daß Ihnen die Dinge, die Sie sagen wollen,

viel leichter einfallen. Und da Sie Ihrem Gegenüber so große Aufmerksamkeit widmen, wird er Sie mit größerer Wahrscheinlichkeit anhören wollen. Er wird sich akzeptiert fühlen.

Wann Sie aktiv zuhören sollten

Aktives Zuhören ist besonders nützlich in den drei folgenden Grundsituationen:

1. Wenn Sie nicht sicher sind, ob Sie verstanden haben, was die andere Person meint.

2. Wenn eine wichtige oder gefühlsbetonte Botschaft gesendet wird.
   Der Sender gibt Ihnen oft einen Hinweis, daß das Gesagte besonders wichtig ist. Und zwar
   a) weist er direkt darauf hin, daß das, was er sagt, beachtet werden sollte: „Zunächst einmal mußt du folgendes tun...", „Es ist sehr wichtig, daß du begreifst, was ..."
   b) wiederholt er die Botschaft mehrfach;
   c) stellt er das ihm Wichtige an den Anfang oder ans Ende;
   d) macht er eine Pause oder wartet, bis man ihn anschaut, ehe er spricht;
   e) redet er lauter oder leiser als sonst;
   f) redet er langsamer als sonst.

3. Wenn die Gesprächsatmosphäre entspannt und akzeptierend ist. Anderenfalls kann bei Ihrem Gesprächspartner Angst und Abwehr aufkommen. Ihr Gesprächspartner wird verleugnen, diese an ihm wahrgenommenen Gefühle zu haben, und evtl. sogar das Gespräch abbrechen. Gehen Sie dann besser zu den Türöffner-Strategien zurück, einfach nur akzeptierend zuzuhören, ohne Gefühle direkt anzusprechen.

Wie Sie aktiv zuhören

Wenn Sie aktiv zuhören, sollten Sie sich darauf konzentrieren, die von Ihrem Gegenüber geäußerten Gefühle oder den Inhalt oder beides widerzuspiegeln. Dies hängt davon ab, was Sie Ihrer Meinung nach vielleicht falsch verstanden haben könnten, und was Sie für das Wichtigste halten.

Bevor Sie sich äußern, sollten Sie sich insgeheim fragen:
„Was fühlt er jetzt?"
„Was für eine Botschaft versucht er zu übermitteln?"

Wenn Sie ihm mitteilen, zu welcher vorläufigen Folgerung Sie gelangt sind, sollten Sie in der Regel mit dem Wörtchen *„Sie"* oder *„Du"* beginnen und, um eine direkte Antwort zu bekommen, am Ende hinzufügen: *„Hab' ich recht?"* So werden Sie erkennen, ob Ihre Folgerung richtig war.
Und wenn nicht, dann wird der andere in der Regel sofort auf das Mißverständnis eingehen.

Es geht beim aktiven Zuhören nicht darum, recht zu behalten oder Ihrem Gegenüber Ihre Meinung überzustülpen. Sie bleiben bei den Einsichten und Gefühlen Ihres Gegenübers und sind ganz stark darum bemüht, ihn richtig zu verstehen. Dies vermittelt ihm das Gefühl, daß er so sein darf, wie er ist. Schauen Sie sich nun einmal die folgenden Beispiele an. Versetzen Sie sich in die Situation und überlegen Sie, welche der drei Reaktionen Ihrer Ansicht nach am hilfreichsten wäre?

1. Ein Kind, das Sie kennen, schneidet sich in den Finger und beginnt zu weinen:
a) *„Der Schnitt ist doch nicht so schlimm."*
b) *„Hör' auf zu heulen! So weh tut es auch wieder nicht."*
c) *„Dein Finger tut dir sicher sehr weh."*

2. Ein enger Freund gesteht Ihnen: „Mein Chef hat gesagt,

daß ich nicht fix genug arbeite und er mich feuert, wenn ich mich nicht am Riemen reiße."

a) *„Ich glaub', du solltest besser die Ärmel hochkrempeln."*
b) *„Laß dich von ihm nicht fertigmachen. Du kannst immer 'ne andere Stelle bekommen."*
c) *„Deine Arbeit bedeutet dir wohl sehr viel, und du möchtest sie nicht verlieren."*

Die beiden ersten Reaktionen teilen dem anderen jeweils mit, was er fühlen oder tun sollte, oder sie drücken Zustimmung oder Ablehnung aus. Derartige Reaktionen sind selten hilfreich oder befriedigend für den, der sich Ihnen anvertraut.

Durch die dritte Reaktion, die aktives Zuhören signalisiert, wird Ihr Gesprächspartner ermutigt, seine emotionalen Reaktionen umfassend und offen zu zeigen. Er wird in Ihrer Gegenwart entspannter und ruhiger werden. Wenn Sie seine Probleme verstehen und dies deutlich machen - aber sie nicht für ihn lösen - zeigen Sie, daß Sie Vertrauen in seine Fähigkeit haben, eigene Lösungen zu finden. Außerdem wird er, wenn Sie ihn hören, verstehen und ohne Kritik akzeptieren, mehr Selbstvertrauen gewinnen, sich Ihnen gegenüber herzlicher verhalten und sich für das, was Sie zu sagen haben, mehr interessieren.

Viele unserer Seminarteilnehmer berichten von deutlichen Verbesserungen in ihren Beziehungen, wenn sie erst einmal das Kritisieren sein lassen und aktiv zuhören.

Herr H. teilte uns beispielsweise die folgenden Erfahrungen mit dem aktiven Zuhören mit: *„Wenn mein Sohn mir erzählte, daß er eine schlechte Note bekommen hatte, fragte ich früher immer: <Warum hast du dich nicht stärker angestrengt?> Wenn meine Frau mir sagte, daß sie zu spät zur Arbeit gekommen war, antwortete ich immer: <Du hättest früher fortgehen sollen>. Ich erinnere mich, daß meine kleine Tochter mir einmal mit Tränen in den Augen erzählte, daß sie Angst vor der Dunkelheit habe. <Das solltest du nicht tun>,* *antwortete ich, ‹du fürchtest dich ohne Grund.› Meine Ratschläge waren nicht zu überhören, und das ganze Kritisieren und Moralisieren führte nur dazu, daß meine Familie sich mir immer weniger anvertraute. Vergangene Woche erwähnte meine Frau, daß sie mit ihrer Schwester Streit gehabt hatte. Normalerweise hätte ich ihr etwa folgenden Rat gegeben: ‹Du hast nur diese eine Schwester, daher wär's besser, du entschuldigst dich.› Stattdessen antwortete ich: ‹Du bist wohl sehr aufgebracht.› Jedes Mal, wenn sie was sagte, machte ich es mir zum Prinzip, nur „aktiv zuzuhören" - auch wenn ich ihr liebend gern einen Rat gegeben hätte. Ich war überrascht. Sie teilte Gedanken und Gefühle mit mir, die ich nie bei ihr vermutet hätte. Es war fast, als lernte ich eine Fremde näher kennen. Und sie schien begeistert, daß sie die Möglichkeit hatte, sich auszudrücken, ohne durch irgendeine spitze Bemerkung unterbrochen zu werden."*

Typische Fehler beim aktiven Zuhören

1. Sie plappern etwas nach wie ein Papagei.

Nahezu jeder, der zum ersten Mal das aktive Zuhören praktiziert, ertappt sich dabei, daß er die Bemerkungen der Gesprächspartner lediglich mit anderen Worten wiederholt. Z.B.:

Herr F.: *„Ich amüsiere mich großartig."*
Frau F.: *„Es macht dir Spaß."*

Tobias: *„Ich fahr' am liebsten Achterbahn."*
Frau K.: *„Du magst die Achterbahn besonders gern."*

Frau D.: *„Hoffentlich müssen wir jetzt noch nicht gehen."*
Herr D.: *„Du willst noch länger bleiben."*

Derartige Papageien-Antworten drücken nur zum Schein Verständnis aus. Zum richtigen aktiven Zuhören gehört, daß Sie sagen, welche tiefere Bedeutung Sie dem zumessen, was der andere sagt.

2. Sie beachten Gefühle nicht oder spielen sie herunter.

Ehefrau: *„Ich steck' in einer endlosen Tretmühle, den ganzen Tag muß ich mich um die Kinder kümmern."*
Ehemann: *„Die Kinder halten dich natürlich auf Trab."*

Margret: *„Ich bin deprimiert."*
Helga: *„Du bist ein wenig außer Form."*

Viele Menschen ignorieren die geäußerten Gefühle oder spielen sie herunter, wenn sie aktiv zuhören. *„Du brauchst gar keine Angst zu haben." „Das ist kein Grund, dieses Gefühl zu haben."* Sie scheinen zu glauben, daß Gefühle, die sie nicht beachten, verschwinden.
Genau das Gegenteil ist jedoch der Fall. Wer die Gültigkeit und Intensität der Gefühle anderer nicht anerkennt, trägt oft zur Verstärkung dieser Gefühle bei. Er signalisiert dem anderen außerdem, daß er kein Recht auf seine Gefühle hat. Wer aber durch aktives Zuhören Verständnis zeigt, erzielt oft eine reinigende Wirkung.

3. Sie deuten nonverbale Botschaften falsch.

Auch auf nonverbale Signale sollten wir mit aktivem Zuhören reagieren. Zu den nonverbalen Botschaften zählen u.a. Mimik, Gestik, Blickkontakt, Körperhaltung, räumliche Distanz, Stimmodulation und Lautstärke. Hierzu müssen wir uns natürlich erst trainieren, diese überhaupt bewußt wahrzunehmen. Näheres hierzu finden Sie in Kapitel 10.
Nonverbale Signale stehen häufig im Widerspruch zu verbalen Signalen. Außerdem ist es oft schwieriger, nonverbale Botschaften richtig zu deuten als verbale. Bei dem Entschlüsseln nonverbaler Signale gibt es oft Mißverständnisse, weil derselbe nonverbale Ausdruck (z.B. ein Lächeln) auf mehrere, sehr unterschiedliche Gefühle verweisen kann. Aus diesem Grund ist es oft hilfreich, die eigenen Deutungen mit Hilfe dieses dreistufigen Verfahrens zu überprüfen:

I. Teilen Sie dem anderen mit, was Sie von dem, was er tat und sagte, wahrgenommen haben, und welche Schlußfolgerung Sie daraus ziehen.

II. Sagen Sie ihm, wie Sie sein Verhalten vorläufig deuten.

III. Fragen Sie ihn, ob Ihre Folgerung stimmt.

Zum Beispiel:

„Als ich dich bat, mit mir zu meinem Makramee-Kurs zu gehen, hast du ruhig geantwortet: <Klingt gut> - und das Thema gewechselt. Ich glaub' nicht, daß du wirklich mit willst. Stimmt's?"

„Du hast eben gesagt, daß dir dein Beruf gefällt, aber dabei die Stirn gerunzelt. Hab' ich recht, daß deine Tätigkeit ihre guten und schlechten Seiten hat?"

„Du gähnst andauernd. Möchtest du vielleicht lieber nach Hause?"

Wenn Sie noch keine eindeutige Schlußfolgerung gezogen haben, können Sie auch einfach Ihre Beobachtungen schildern und um eine Erklärung bitten. Zum Beispiel:

„Den ganzen letzten Monat über wolltest du mich ständig nur zum Mittagessen treffen - nie zum Abendessen oder zu einer Veranstaltung. Ich würde zu gern wissen, warum."
„Als ich eben vom Skifahren in Tirol sprach, hast du leicht gegrinst. Ich würd' zu gern wissen, woran du gedacht hast."

4. Sie bewerten die Aussagen als gut oder schlecht und bringen Ihre persönliche Meinung ein.

Beispielsweise sagen Sie: *„Wie kannst du nur so schlecht über ... denken, wo er doch immer nur so nett zu dir war."*
Beim Gesprächspartner entstehen dann Scham- und Schuldgefühle, oder er verteidigt sich.

5. Sie interpretieren das Verhalten des Gegenübers.

„Du tust das, weil du ... bist".
Sie kommen damit in die Rolle des Oberlehrers.

6. Sie geben Ratschläge.

„Sei du mal ..." „Tu doch mal ..."
Der Gesprächspartner kommt in die Rolle des Unterlegenen und Sie sprechen ihm die Fähigkeit ab, selbst eine Lösung zu finden.

Vielleicht ist Ihnen beim Lesen die Frage gekommen: „Ist das aktive Zuhören nicht etwas Aufgesetztes und Künstliches?".

Nun, dieser Eindruck ist ganz natürlich, weil wir es im allgemeinen nicht gewohnt sind, eine Unterhaltung in dieser Form zu gestalten. Therapeuten und Trainer besuchen Kurse, um sich im aktiven Zuhören zu schulen. Für Eltern und Lehrer gibt es ebenfalls Seminare. Die positive Wirkung des aktiven Zuhörens ist bestätigt, doch kostet es anfangs Überwindung und Anstrengung.

Wir müssen uns darin üben, ganz genau zuzuhören und uns auf den anderen einzustimmen, und müssen unseren eigenen Gesprächsbeitrag zurückstellen. Fast immer wird diese Anstrengung bei unserem Gegenüber gut ankommen. Er wird sich keinesfalls „auf den Arm genommen" oder „nicht ernst genommen" vorkommen. Im Gegenteil, Sie wollen ja wirklich genau wissen, was in ihm vorgeht.

Das aktive Zuhören ist eine Sache der Übung. Außerdem müssen Sie diese Technik keinesfalls in jedem Gespräch einsetzen. Es genügt, wenn Sie sie beherrschen und ab und zu einsetzen können. Sie können jederzeit auch wieder zu den Türöffnern zurückkehren.

Kapitel 19
Flirten und mehr

Vielleicht haben Sie sich dieses Buch gekauft, um einen Lebenspartner zu finden. Und nun fragen Sie sich, wie Sie von der simplen Kontaktaufnahme zum Flirten kommen können. In Ihrem Kopf gibt es einen unüberwindbaren Graben zwischen der Kontaktaufnahme mit einem „ganz normalen" Menschen und der mit dem sympathischsten Menschen, der Ihnen je begegnet ist.

Wir können Sie beruhigen. Sie sind gar nicht so weit davon entfernt, wie es scheinen mag. Viele einzelne Mosaikteilchen, die wir bis jetzt zusammengetragen haben, benötigen Sie auch für das Flirten:

Eine positive Einstellung zu sich, die positive Einstimmung auf das Rendezvous, Komplimente, offene Fragen, Interesse am anderen und natürlich auch die entsprechenden positiven nicht-sprachlichen Signale wie Lächeln, Blickkontakt, Verlegenheitsgesten (durchs Haar streichen, mit dem Kuli spielen), Nicken, lebhafte Gestik, zugewandte offene Körperhaltung. Meist gehen die Impulse zum Flirt von den Frauen aus.

Das Flirten läßt sich kurz so zusammenfassen:
immer mal wieder kurzer Blickkontakt (nicht länger als 2 bis 4 Sekunden, die Augen in einem Dreieck von den Augen des Gesprächspartners zur Brust oder Taille schweifen lassen), lächeln;

Reagiert der Auserwählte: dann auf ihn zugehen und ansprechen; reagiert er nicht, dann haben Sie nichts verloren.

Das menschliche Balzverhalten läßt sich in 4 Phasen einteilen und erstreckt sich über einen Zeitraum von ca. 10 Minuten.

Die 4 Flirtphasen

1. Phase: Aufmerksamkeitsphase
Sie streift ihn mit einem Blick und schätzt ab, ob er interessant ist oder nicht. Er nimmt daraufhin ihr Äußeres unter die Lupe. Bei Gefallen beginnt er mit dem Flirtverhalten. Er reagiert auf ihre Körpersprache. Lächelt sie, lächelt er. Streckt sie den Busen heraus, strafft er die Schultern.

2. Phase: Erkennungs- und Erkundungsphase
Sie wendet ihm den Oberköper zu, lächelt aufmunternd und senkt dabei den Blick. Er hält den Blickkontakt. Sie zeigt eine offene und entspannte Körperhaltung. Er geht auf sie zu und eröffnet das Gespräch.

3. Phase: Identifikationsstufe
Die beiden reden und erkunden Gemeinsamkeiten. Wenn sie beim Lachen den Mund öffnet und ihre Zähne zeigt, ist der Bann gebrochen.

4. Phase: sexuelle Erregungsphase
Sie verwenden die Flirtsprache, d.h. Sätze werden selten logisch zu Ende geführt, es werden viele Ahs und Ähs benutzt. Sie synchronisiert ihre Bewegungen mit seinen Bewegungen. Sie streicht sich durchs Haar. Sie berührt ihn zufällig.

Typische Fehler beim Flirten

- wenn er nur über sich redet, von Erfolgen prahlt
- wenn er schweigt
- wenn er über zu private Probleme redet

- wenn er zu schnell Körperkontakt sucht

Eine Botschaft für die Frauen:
Männer, die sehr schüchtern sind, tun sich schwer damit, selbst deutliche Aufforderungen von Frauen zu erkennen. Es muß also nichts mit Unattraktivität oder Ablehnung zu tun haben, wenn er nicht gleich reagiert. Bleiben Sie eine Zeitlang am Ball.

Eine Botschaft für die Männer:
Trainieren Sie sich ganz bewußt darin, die o.g. Flirtsignale zu erkennen. Wenn Sie die auffordernden Botschaften nicht erkennen, ist es kein Wunder, daß Sie den Eindruck haben, nicht attraktiv zu sein.

Auch beim Flirten gilt die Devise: Wer nicht wagt, der nicht gewinnt. Sie können mehr gewinnen als verlieren, wenn Sie auf Ihr Gegenüber zugehen. Das Schlimmste, was dabei herauskommen kann, ist, daß Sie weiterhin allein sind. Selbst wenn der für Sie im Augenblick attraktivste Mensch der Stadt heute nicht auf Sie anspricht, sind Sie dennoch liebenswert und attraktiv.

Kapitel 20
Wie Sie zum Abschluß kommen und eine Einladung aussprechen

Die Art und Weise, wie Sie sich verabschieden, entscheidet wesentlich darüber, ob der Kontakt weitergeführt, intensiviert wird oder abbricht. Sie müssen in diesen letzten Augenblicken der Unterhaltung drei Botschaften abschicken:

a) Sie wollen gehen.
b) Das Gespräch war angenehm und interessant für Sie.
c) Sie hoffen, Ihren Gesprächspartner bald wiederzusehen, und sprechen eine Einladung aus.

Therapeut: *„Wenn Sie die Geschichte Ihres Lebens schreiben würden, welchen Titel würden Sie ihr geben?"*
Klient: *„Ich weiß nicht ... Wie wär's mit ... <Nichts passierte>? Die meiste Zeit fühle ich mich, wie sich der Wachmann einer Bank fühlen muß ... z.B. beobachte ich alles und jeden, aber ich gehöre nicht wirklich dazu - ich hab' keinen wirklichen Einfluß darauf ... Ich bin für niemanden wichtig."*
Therapeut: *„Sie fühlen sich wie ein Zuschauer, der das Leben an sich vorbeiziehen sieht."*
Klient: *„Ja. Nur ein Zuschauer ... Und selbst wenn ein Wunder geschieht und ich jemanden treffe, wird doch nie 'was draus."*
Therapeut: *„Sie meinen, daß Sie oft abgewiesen werden?"*
Klient: *„Nein. Wir reden einfach, sagen dann tschüs, und das war's auch schon."*
Therapeut: *„Sie laden den anderen nicht ein, Sie wiederzusehen?"*
Klient: *„Nein. Ich denke, daß er mich schon einlädt, wenn er mich wirklich sympathisch findet."*

Die meisten Menschen reagieren nur passiv auf andere. Sie warten darauf, daß die anderen zuerst den Blickkontakt herstellen, zuerst reden, zuerst einladen. Da die meisten, denen man begegnet, ebenfalls darauf warten, ist am Ende nur zu oft jeder frustriert.

Wenn Sie jemandem zuhören, der typisch passiv reagiert, werden Sie oft mitbekommen, wie er resignierend feststellt, daß „ja doch nie 'was draus zu werden scheint". Richtiger würde er sagen: „Ich versuch's ja nicht einmal".

Diejenigen, die viele soziale Kontakte haben, bemühen sich tatkräftig darum, andere an ihrem Leben teilhaben zu lassen. Die beiden wichtigsten Techniken, die sie dabei benutzen, sind die, daß sie

1. mit denjenigen das Gespräch suchen, die sie treffen möchten, und
2. diejenigen einladen, die sie näher kennenlernen wollen.

Sie kennen bereits die Strategien zum Einstieg in ein erstes Gespräch. Hier nun einige Hinweise, wie Sie die Chancen, daß Ihre Einladung zu einem zweiten Kontakt auch angenommen wird, erheblich verbessern:

1. Benutzen Sie die zweiseitige Perspektive.

Unterschiedliche Menschen haben unterschiedliche Interessen. Ihr Gesprächspartner wird Ihre Einladung mit weit größerer Wahrscheinlichkeit positiv aufnehmen und sich darauf freuen, wenn Sie nicht nur an Ihre eigenen Vorlieben, sondern auch an seine denken. Daß Sie gern Karten spielen, tanzen oder romantische Filme aus den 40er Jahren anschauen, bedeutet nicht automatisch, daß der andere Ihre Begeisterung teilt.

Es ist leicht, eine zweiseitige Perspektive einzunehmen. Fragen Sie den anderen, welche Aktivitäten ihn interessieren. Dann greifen Sie eine davon, die Ihnen auch Spaß machen würde, heraus und bitten ihn, sich Ihnen anzuschließen.

Wenn Sie bei der Planung Ihrer Aktivitäten nicht die zweiseitige Perspektive verwenden, ist die Wahrscheinlichkeit größer, daß Sie eine Absage bekommen, und selbst wenn Sie ein „Ja" bekommen, bedauern Sie es vielleicht.

2. Seien Sie direkt.

Es ist eine gute Idee, darauf hinzuarbeiten, noch vor dem Ende der ersten Begegnung eine feste Zusage für eine weitere Begegnung von Ihrem Gesprächspartner zu bekommen.

Fragen Sie jedoch nicht gleich: *„Haben Sie am Samstag abend etwas vor?"* Viele Menschen fühlen sich verlegen, wenn sie antworten müssen: *„Nein, ich hab' nichts vor".* Und nachdem sie das gesagt haben, ärgern sich manche, daß man sie in eine Lage versetzt hat, in der sie entweder dem Vorschlag zustimmen, einen anderen machen oder tatsächlich eingestehen müssen, daß sie das Nichtstun Ihrer Gesellschaft vorziehen.

Teilen Sie Ihrem Gesprächspartner stattdessen mit, welche Aktivität Sie vorhaben, den Tag, die Zeit und den Ort und vielleicht, warum Sie (die zweiseitige Perspektive benutzend) glauben, daß es ihm gefallen wird. Dann sollten Sie fragen, ob er Interesse hat.

3. Fangen Sie klein an.

Sie würden wahrscheinlich eher 10 DM statt 100 DM verleihen, nicht wahr? Nun, dasselbe trifft auf andere zu. Je weniger Sie erbitten, desto wahrscheinlicher bekommen Sie es. Wenn Sie also Ihren Gesprächspartner eben erst kennengelernt haben, wird er wahrscheinlich einer Tasse Kaffee eher zustimmen als einem chinesischen Menü mit sieben Gängen.

4. Reden Sie in zwanglosem und lockerem Ton.

Sie beeinflussen die Reaktionen Ihres Gesprächspartners stärker, als Ihnen vielleicht bewußt ist. Wenn sich Ihre Einladung anhört, als gehe es um Leben oder Tod, werden Sie damit wahrscheinlich weniger Glück haben, als wenn Sie den Eindruck vermitteln, daß die Sache Spaß machen könnte.

Überlegen Sie, welche der beiden folgenden Einladungen Sie eher annehmen würden:

a) Ihr Gegenüber macht ein besorgtes Gesicht, schaut dann zu Boden, verschränkt die Arme über der Brust und sagt mit ernster Stimme zu Ihnen: *„Ich weiß, Sie sind ziemlich beschäftigt, aber ich ... ich würde gern mal mit Ihnen zusammenkommen. Wenn wir vielleicht die Möglichkeit hätten, könnten wir gute Freunde werden. Ich frag' mich, ob Sie es für möglich halten, daß wir uns am Samstagmorgen zum Tennis im ... treffen?"*

b) Ihr Gegenüber schaut Sie direkt an, lächelt Ihnen offen zu und sagt in zwanglosem Ton: *„Ich hab' mich gefreut, Sie kennenzulernen. Ich würd' mich gern am Samstagmorgen mit Ihnen zum Tennis treffen. Wie wär's?"*

Weitere Strategien, um eine Einladung auszusprechen

Falls Sie sich im ersten Gespräch nicht getraut haben, eine Einladung auszusprechen, können Sie das, sofern Sie die Telefonnummer haben, auch nachholen. Lassen Sie aber mindestens drei Tage dazwischen verstreichen. So machen Sie sich interessanter.

Sie können dabei folgendermaßen vorgehen:

1. Rufen Sie Ihrem Gesprächspartner zunächst in Erinnerung, wann und in welcher Situation Sie sich das erste Mal trafen. Erzählen Sie ihm dann, daß Sie sich wohl gefühlt oder das Gespräch interessant gefunden haben. Falls Ih-

nen das zu persönlich ist, können Sie ihn auch in irgendeiner Angelegenheit um Hilfe bitten. Das läßt Spielraum für ein Wiedersehen oder einen eleganten Abgang.

2. Dann äußern Sie Ihren Vorschlag: *„Ich möchte Sie fragen, ob Sie am ... Lust hätten, mit mir ... zu tun?"* Wenn Sie eine Zusage bekommen (was wahrscheinlich ist), sollten Sie Ihre Freude zum Ausdruck bringen. Sprechen Sie dann Treffpunkt, Datum und Uhrzeit genau ab.

Falls Sie dennoch eine Absage bekommen

Wenn der andere Ihre Einladung ablehnt, muß das nicht heißen, daß er nichts mit Ihnen zu tun haben will. Es kann durchaus sein, daß er etwas mit Ihnen machen will, ihm aber die angebotene Aktivität nicht gefällt, oder daß er zu dem vorgeschlagenen Zeitpunkt bereits eine Verpflichtung eingegangen ist. Falls dies der Fall ist, wird er das in der Regel begründen, und Sie beide können dann etwas anderes ausmachen.

Falls er ohne Erklärung ablehnt, sollten Sie besser eine andere Zeit oder Aktivität vorschlagen. Wenn die Antwort immer noch „nein" lautet und Sie auch sonst keine Zeichen der Ermutigung bekommen, können Sie wohl davon ausgehen, daß er kein Interesse hat. Fragen Sie dann nicht nach dem Grund; der andere wird Ihnen kaum die Wahrheit sagen. Sie erreichen damit nur, daß sich die bereits angespannte Situation noch verschärft. Stattdessen sollten Sie sich mit einem *„Schade, daß Sie's nicht einrichten können"* oder *„Nun, es hat mich gefreut, Sie kennenzulernen"* entfernen. Sie können Ihre Telefonnummer hinterlassen und vorschlagen, daß der andere Sie zu einem günstigeren Zeitpunkt anruft.

Rufen Sie sich in einer solchen Situation ganz bewußt in Erinnerung, daß es viele Gründe gibt, weshalb das Treffen nicht stattfindet: andere Verpflichtungen, angeschlagene Gesundheit, Angst vor einem Treffen, Arbeit, bereits bestehende feste Partnerschaft, kein Bedarf an neuen Kontakten und - als einer unter vielen Gründen - daß Sie seinen Vorstellungen nicht entsprechen. Vorsicht: Dies heißt nicht, daß Sie nichts anzubieten haben und den Vorstellungen von keinem einzigen anderen Menschen entsprechen: Dieser eine Mensch hat zu diesem einen Zeitpunkt kein Interesse an Ihnen. (Lesen Sie dazu nochmals Kapitel 8 und 9.) Die Absage ist bedauerlich, doch Sie können damit weiterleben!

Wenn Sie ein unangenehmes Gespräch abbrechen möchten

Viele Menschen hindern sich daran, ein Gespräch zu beginnen, weil sie Angst haben, sich nicht mehr loseisen zu können. Ist die Unterhaltung sehr angenehm und interessant, so gibt es keinen Grund, sich schnell verabschieden zu wollen. Doch manchmal können wir auch an Menschen geraten, die sich als Langweiler, Alleinunterhalter, Prahler oder als für uns völlig uninteressante Menschen herausstellen. Folgende Schlußsätze und Abschlußrituale haben sich dann bewährt:

* Wenn Sie ein wenig schummeln wollen:
  „Entschuldigen Sie mich bitte. Die Unterhaltung mit Ihnen war sehr angenehm" oder *„Entschuldigen Sie mich bitte, es war interessant, sich mit Ihnen zu unterhalten"*.
* Wenn Sie unter Zeitdruck stehen, können Sie dies auch begründen:
  „Entschuldigen Sie mich bitte, ich habe noch einen Termin, muß nach Hause, zum Arzt, vor Ladenschluß einkaufen, meine Tochter vom Kindergarten abholen ..."
* Auf einem Fest: *„Entschuldigen Sie mich bitte, ich glaube, dort hinten steht mein Chef, eine alte Schulfreundin ..."*
* Unterstreichen Sie Ihr Anliegen mit dem nonverbalen Verhalten: Sammeln Sie Ihre Accessoires ein, richten Sie Ihren Körper auf, deuten Sie mit Füßen und Beinen Richtung Ausgang, unterbrechen Sie den Blickkontakt, richten Sie Ihren Blick auf den Ausgang oder auf das nächste Ziel.

Kapitel 21
Zusammenfassung

An dieser Stelle wollen wir nochmals kurz all das zusammen-
tragen, was wir in diesem Buch erarbeitet haben: Die Welt
steht Ihnen offen. Sie können Kontakt zu Ihren Mitmenschen
bekommen, wenn Sie den ersten Schritt auf Sie zu machen.
Es gibt dahinter eine Gesetzmäßigkeit: Sie müssen positive Signale aussenden, dann werden Sie auch überwiegend positive
Reaktionen zurückbekommen. Dann werden Sie viele Herzen
erobern, Freunde gewinnen und sich der Menschheit zugehö-
rig fühlen.

Beginnen Sie, Ihr Interesse am Kontakt deutlich zu zeigen.
Nutzen Sie hierzu nonverbale und verbale Ausdrucksformen:

a) nonverbale Signale:
   Zugewandte Körperhaltung
   Blickkontakt
   Lächeln
   gelöste, reichhaltige Gestik
   freundlicher Tonfall
   Kopfnicken
   der Situation und Ihnen angemessene Kleidung

b) verbale Signale:
   small talk
   offene Fragen
   Selbstoffenbarung
   loben
   aktives zuhören
   bestätigende Äußerungen „Hmh", „ja", „Aha"

Um auf andere unverkrampft und locker zugehen zu können, benötigen Sie außerdem:

- die Überzeugung, liebenswert zu sein
- die Fähigkeit, mit Ablehnung umzugehen
- positivePhantasien

Sie können all diese Einstellungen und Verhaltensweisen erlernen und sich zu einem kontaktfreudigen Menschen entwickeln. Auf dem Weg zu diesem Ziel werden Sie eine Phase durchlaufen, in der Sie sich unecht fühlen und Ihre alten Ängste verspüren. Das ist ganz normal und zeigt an, daß Sie sich bereits auf den Weg aus Ihren alten blockierenden Programmen gemacht haben.

Schlußwort
Fangen Sie heute noch an!

Liebe Leserin, lieber Leser,

nun haben wir gemeinsam das Ende dieses Buches erreicht. Sie sind vollgestopft mit Wissen und vielleicht auch voller guter Vorsätze. Doch jetzt kommt Ihnen wahrscheinlich wieder Ihr altes Programm ins Gehege. Es flüstert Ihnen ein: „Morgen" oder „Demnächst fange ich an". „Morgen" meint in der Regel leider „Niemals". Die Franzosen haben ein Sprichwort, das übersetzt lautet: „Der erste Schritt ist teuer".

Auch Sie haben sicher schon erlebt, daß dies zutrifft. Was ist am schwersten, wenn man Gymnastik treibt, eine unangenehme Arbeit vor sich hat, etc? Die Antwort lautet: sich in Bewegung zu setzen.

Haben Sie den Mut, sich in Bewegung zu setzen! Haben Sie Mut zum ersten Schritt auf den anderen zu!

Stimmen Sie sich positiv ein und erinnern Sie sich an Erfolge in Ihrem Leben. Stellen Sie sich vor, wieviel schöner Ihr Leben sein kann, wenn Sie spontan auf einen anderen Menschen zugehen.

Es lohnt sich, die Angst zu überwinden und sich in Bewegung zu setzen. Mit zunehmender Übung geht es von ganz alleine. Fangen Sie jetzt an! Wir wünschen Ihnen viele neue Erfahrungen mit Menschen, viele spontane lebendige Begegnungen, viele liebevolle Erfahrungen und neue Freunde. Sie haben es verdient!

Doris Wolf & Alan Garner

ANHANG

Teil A

Konkrete Gesprächssituationen, in denen Sie Ihr neu erworbenes Wissen umsetzen können

Wissen muß praktiziert werden, damit es hilfreich für Sie ist. Deshalb ist Übung notwendig. Für diejenigen unter Ihnen, denen es leicht fällt, sich selbst ein Übungsprogramm aus Teil II und Teil III zusammenzustellen, ist dieser Teil des Anhangs nicht wichtig. Andere wiederum benötigen klare Vorschläge und Übungssituationen. Diesem Wunsch wollen wir im folgenden nachkommen. Wählen Sie sich die Übungen aus, die diejenigen Verhaltensweisen ansprechen, die Sie gerne trainieren wollen. Auch wenn die Übungen zunächst auf Sie etwas gestellt und künstlich wirken, sind Sie notwendig und wichtig. Dieser Eindruck wird sich mit der Zeit verlieren.

Sie sollten die Übungen dabei solange wiederholen, bis Sie sie ruhig angehen können. Sie sollten auch nicht panisch aus einer Übung flüchten, wenn sie mal nicht so gelingt, wie Sie sich das vorgestellt haben. Suchen Sie sich dann sofort einen neuen Gesprächspartner aus und wiederholen Sie die Übung. Sie müssen die jeweilige Übungszeit immer mit einem guten Gefühl beenden, sonst ist die Hürde beim nächsten Übungstermin umso höher. Hilfreich ist es auch hier, die Fortschritte in einem Tagebuch festzuhalten:

An welchem Ort war ich?
Welche hilfreichen Gedanken hatte ich?
Welches Verhalten habe ich neu ausprobiert oder geübt?
Wie habe ich mich gefühlt?
Was möchte ich in der Zukunft noch anders machen?
Was war hilfreich für mich?

Und vergessen Sie nicht, sich nach jeder Übung zu belohnen oder zumindest zu loben (s. Kap. 7).

Die Übungsvorschläge sind nach aufsteigender Schwierigkeit geordnet. Wir beginnen mit den leichten Übungen. Die Überschrift gibt immer einen kurzen Überblick über die Übung. Sie nennt die Übungssituation und das Verhalten, das geübt werden soll. Ihre Aufgabe ist es dann, die Übungstermine und die Häufigkeit, wie oft Sie dieses Verhalten trainieren möchten, festzulegen (und natürlich, sich zu überwinden und die Übung durchzuführen).

Lesen Sie vor Übungsbeginn immer nochmals in den jeweiligen Kapiteln (wir haben sie in Klammern angeführt) nach, was Sie bei den neuen Verhaltensweisen beachten müssen.

1. Nachbarschaft;
grüßen und Gespräch beginnen (Kap.13)

Höchstwahrscheinlich wohnen Sie nicht in der Einöde, sondern um Sie herum gibt es eine Nachbarschaft. Was wissen Sie im Augenblick über Ihre Nachbarschaft? Haben Sie sich beim Einzug vorgestellt? Wenn nicht, können Sie dies auch heute noch nachholen. Beginnen Sie, falls noch nicht geschehen, zunächst damit, die Nachbarn freundlich zu grüßen, und versuchen Sie, ein flüchtige Gespräch zu beginnen. Es gibt sicher gemeinsame Interessen, die sie verbinden wie z.B. den Lärmschutz, die Parksituation, die Verkehrsbelästigung, die Grundsteuer, Miet− und Grundbesitzfragen. Sie können auch bei den Nachbarn einmal vorbeigehen unter dem Vorwand, eine Auskunft einzuholen oder sich etwas zu leihen. Bleiben Sie bei der Unterhaltung über diese Themen zunächst neutral, schneiden Sie die Fragen an, hören Sie zu und bekräftigen Sie die Aussage der Nachbarn.
Nach diesem Vorstellungsgespräch sollten Sie den Nachbarn dann immer namentlich und freundlich grüßen.

2. Bekannte, Kollegen; Blickkontakt und Nicken (Kap.10)

Grüßen Sie Bekannte und Kollegen freundlich. Halten Sie dabei Blickkontakt und nicken Sie dabei mit dem Kopf. Sie werden bemerken, daß darauf meist immer eine freundliche Erwiderung erfolgt.

3. Fremde; anlächeln (Kap. 10)

Wenn Sie andere Menschen anlächeln, kommt diese Reaktion meist auch zurück. Sie wirken durch ein Lächeln zudem unbefangen und offen auf andere.
Suchen Sie sich sympathische Menschen aus und lächeln Sie diese freundlich an. Anfangs können Sie sich dazu Menschen auswählen, die auf Abstand sind, beispielsweise im Auto vorbeifahren, sodaß keine „Gefahr" besteht, in ein Gespräch verwickelt zu werden.

4. Fremde; flüchtigen Kontakt auf der Straße aufnehmen (Kap. 10 und 13)

Wenn Sie nicht darauf warten wollen, daß andere auf Sie zugehen, benötigen Sie die Fähigkeit, selbst auf sie zuzugehen.
Hierzu können Sie einen Fremden nach einem Weg oder einem Gebäude fragen: *„Guten Tag. Ich suche die ... Bitte können Sie mir sagen, wo ich ... finde?"* Vergessen Sie dabei nicht, auf Ihre nonverbalen Signale: Körperhaltung, Mimik, Gestik, Blickkontakt, Stimmodulation zu achten. Sie können auch einen Fremden bitten, Ihnen Geld zum Telefonieren zu wechseln.

5. Fremde; in einem Bus, an der Haltestelle, in der Schlange

ansprechen und Gespräch intensivieren (Kap. 10 und 14)

Sie erkundigen sich nach einer Ausstellung oder einer Sehenswürdigkeit. Versuchen Sie, die Unterhaltung durch Nachfragen in Gang zu halten. Z.B.: *„Wissen Sie, ob dort heute geöffnet ist?"* oder *„Waren Sie selbst schon dort?"* Unterstützen Sie die Unterhaltung durch Blickkontakt und Kopfnikken.

6. Fremde; auf einem Fest oder einer Veranstaltung ansprechen (Kap. 13 bis 18)

Trainieren Sie Ihre Wahrnehmung. Betrachten Sie fremde Menschen und suchen Sie anhand der Kleidung und des Verhaltens zu ergründen, welche Interessen diese haben könnten. Sie wissen, daß es sehr hilfreich ist, die Interessen des anderen zu kennen. Auf diese Weise können Sie gezielt die Menschen ansprechen, die ähnliche Interessen wie Sie haben, und haben gleichzeitig auch ein Gesprächsthema.
Sprechen Sie einen dieser Menschen an und setzen Sie die Gesprächstechniken aus den Kapiteln 13 - 18 ein.

7. Fremde; körperliche Nähe ertragen (Kap. 10)

Begeben Sie sich gezielt in die Menge. Fahren Sie zur Hauptstoßzeit mit der Straßenbahn. Gehen Sie am langen Samstag ins Kaufhaus. Fahren Sie mit dem Lift und stellen Sie sich in die Mitte des Lifts. Setzen Sie sich bewußt in der Straßenbahn auf einen Sitzplatz neben einer Mitfahrerin. (Keine Ausrede. Falls Sie sonst immer mit dem Auto fahren, sollten Sie zu Übungszwecken bewußt die Bahn nehmen.)

8. Lokal; Nähe ertragen (Kap. 10 und 13)

Suchen Sie ein vollbesetztes Lokal/Cafe aus und setzen Sie sich an einen Tisch, an dem bereits eine andere Person sitzt, mit den Worten: *„Darf ich mich zu Ihnen setzen?"* Bleiben Sie mindestens eine halbe Stunde sitzen, um sich an die Situation zu gewöhnen und entspannter zu werden. Verlassen Sie die Situation erst, wenn Sie etwas entspannter sind. Üben Sie dies so lange, bis Sie sich ruhig dabei fühlen, sich zu jemanden zu setzen - es sei denn, es ist Ihr Traumpartner, zu dem Sie sich an den Tisch setzen. Dann wird die Unruhe wohl nie ganz weggehen.
Signalisieren Sie durch Ihre Körperhaltung, daß Sie entspannt sind: zurücklehnen, Beine und Arme sind locker, nicht verschrauben oder verschränken, nicht nervös wippen.

9. Fremde; Gespräch beginnen (Kap. 13)

Beginnen Sie ein Gespräch, indem Sie auf eine gemeinsame Erfahrung, die

Sie gerade machen, ansprechen:
„Bei der Schlange muß der Film ja gut sein."
„Heute ist mal wieder ein Mistwetter. Da jagt man keinen Hund vor die Tür."

10. Fremde; Gespräch beginnen (Kap. 13)

Suchen Sie gezielt Orte auf, an denen Sie mit Menschen zusammenkommen: Bücherei, Museum, Supermarkt, Buchhandlung. Beginnen Sie dort mindestens eine Unterhaltung.

11. Fremde; Hilfe anbieten (Kap. 13)

Achten Sie auf Menschen, die Ihre Hilfe gebrauchen könnten. Touristen und alte Menschen sind dafür besonders geeignet. Sprechen Sie sie an: *„Kann ich Ihnen helfen bei ...?"* Wenn Menschen hilfsbedürftig sind, werden sie auch weniger eine Ablehnung riskieren.

12. Fremde; Gespräch beginnen und intensivieren (Kap. 13 bis 18)

Beginnen Sie ein Gespräch mit einem Verkäufer oder dem Tankwart. Suchen Sie sich einen Anknüpfungspunkt, der den anderen ansprechen könnte. Beispielsweise: bei einer Verkäuferin die Ladenöffnungszeiten, bei einem Ladenbesitzer die Ladenmieten, bei Eltern die Kindergartenöffnungszeiten oder das Sommerfest. Nutzen Sie dabei die Fragetechniken aus Teil III.
Sie können sich auch für die nette Bedienung bedanken und dann noch eine Frage anhängen: *„Wie lange haben Sie heute noch zu arbeiten?"* *„Wie macht sich denn das schlechte Wetter bei Ihnen im Laden bemerkbar?"*

13. Fremde; Kompliment machen (Kap.17)

Üben Sie sich darin, ein Kompliment auszuteilen und evtl. noch eine Frage anzuhängen. Beispielsweise: bei einem Hundebesitzer:
„Einen bildhübschen Hund haben Sie. Welche Rasse ist dies denn? Gibt es in Deutschland Züchter dafür?", bei einem Autofahrer auf dem Parkplatz: *„Einen tollen Wagen fahren Sie. Wie lange fahren Sie den denn schon?"*

14. Bekannte, Kollegen; Gespräch intensivieren (Kap.16 und 18)

Verabreden Sie sich mit einem Kollegen/Bekannten in der Kantine oder zu einem anderen Treffen (auf einen Drink, zum Eiscafe, zum Stadtfest, zu der Kirmes, zu dem Weihnachtsmarkt ...) Üben Sie sich darin, dem Gegenüber aktiv zuzuhören und auch etwas Persönliches von sich preiszugeben.

15. Gruppen; Kontakt aufnehmen (Kap.13 bis 18)

Neue Kontakte entstehen leichter in Gruppen, die ein gemeinsames Ziel haben wie etwa in Volkshochschul-Kursen, einer politischen Partei, in Vereinen, Bürgerinitiativen. Überlegen Sie, wofür Sie sich interessieren und auch engagieren möchten, und schließen Sie sich einer Gruppe an. Es ist für Sie dort leichter, ein gemeinsames Gesprächsthema zu finden.

Auch Betriebsveranstaltungen, die Kantine, private Feiern, Klassentreffen und öffentliche Veranstaltungen (Konzerte, Theateraufführungen, Tanzveranstaltungen, Kino), organisierte Urlaubsreisen bieten Möglichkeiten, Kontakt aufzunehmen.

Teil B: Kontaktfördernde Einstellungen

Im folgenden haben wir nochmals die Einstellungen aufgeführt, die bei den meisten Menschen die Kontaktangst hervorrufen (siehe Kap.8). Unter jeder negativen Einstellung finden Sie eine hilfreiche Gedankenalternative. Wir haben sie erarbeitet, indem wir sie mit den folgenden 4 Fragen überprüft haben:

1. Woher weiß ich, ob das, was ich als gefährlich ansehe, auftreten wird?
2. Wie wahrscheinlich ist es?
3. Was wäre das Schlimmste, was passieren könnte? Bin ich in Lebensgefahr? Wie kann ich damit umgehen?
4. Was verliere ich, wenn ich mich in die Situation begebe? Was gewinne ich, wenn ich mich trotz möglicher Gefahr in die Situation begebe? Stellen Sie eine Gewinn-Verlust-Rechnung auf.

Sofern Sie Ihre persönlichen Einstellungen nicht schon in Kapitel 8 überprüft haben, wählen Sie jetzt Ihre Einstellungen aus, die Sie an der Kontaktaufnahme hindern. Schreiben Sie sich die hilfreichen Gedankenalternativen auf ein Kärtchen, das Sie immer mit sich tragen und so oft wie möglich durchlesen. Hierdurch prägen Sie sich Ihre neuen Einstellungen schnell ein und können sie mit der Zeit automatisch abrufen. Und rechnen Sie damit, daß Ihre „Ja, aber ... Stimme" zunächst Einspruch erhebt und Sie sich bei den neuen Gedanken wie ein Schauspieler vorkommen.

1. „Bestimmt will der andere nichts von mir wissen. Wenn er mir eine Abfuhr erteilte, wäre das entsetzlich."
Ich weiß weder, ob der andere nichts von mir wissen will, noch ob er mir eine Abfuhr erteilt. Das kann ich erst sagen, wenn ich ihn angesprochen habe. Wenn ich ihn anspreche, kann ich einen kurzen Plausch, einen unterhaltsamen Abend haben, vielleicht sogar einen Freund gewinnen. Das

Schlimmste, was mir passieren könnte, ist daß er tatsächlich nicht an einem Gespräch interessiert ist. Dies könnte viele Gründe haben wie etwa schlechte Stimmung, generell kein Interesse an einem Kontakt, er ist nur heute nicht gesprächig, hat selbst Kontaktangst. Wenn er wirklich an mir kein Interesse haben sollte, dann bedeutet das nicht, daß ich generell uninteressant bin. Ich bin lediglich für ihn uninteressant, weil er andere Erwartungen hat. Ich kann damit leben, daß ein Mensch unter Millionen Menschen mich ablehnt.

2. „Ich muß ein guter Gesprächspartner sein und darf nichts Falsches sagen. Der andere muß einen guten Eindruck von mir bekommen."
Ich weiß nicht, was mein Gesprächspartner von mir erwartet und was er als falsch oder richtig ansieht. Ich weiß deshalb auch nicht, wann er einen guten Eindruck von mir hat. Er kann auch einen schlechten Eindruck von mir haben, wenn ich ihn nicht anspreche. Also spreche ich ihn besser an, weil ich dann genauer erfahre, wie er ist und ob wir uns etwas zu sagen haben. Das Schlimmste, was mir passieren könnte, ist, daß ich weiß, wir haben uns nichts zu sagen. Selbst wenn er einen schlechten Eindruck von mir haben sollte, bin ich deshalb kein schlechter Gesprächspartner. Er könnte mir selbst auch dann noch eine zweite Chance geben, wenn er zunächst einen schlechten Eindruck von mir hat. Selbst wenn ich das gesamte Gespräch ungeschickt führen sollte, stellt das nicht all mein Wissen und meine Fähigkeiten in Frage.

3. „Was ist, wenn ich rot werde oder stottere, wenn ich ihn anspreche."
Ich weiß nicht, ob ich rot werde oder stottere. Doch ist das sehr gut möglich, da ich dies bei Aufregung oft erlebe. Das ist unangenehm, doch kann ich das ertragen. Ich erlaube mir, rot zu werden und zu stottern, denn das sind ganz menschliche Reaktionen. Ob mein Gesprächspartner dies wahrnimmt und ob er darauf negativ oder positiv reagiert, weiß ich nicht. Das Schlimmste, was passieren könnte, ist, daß er denkt, ich bin unsicher. Das darf er wissen, das ist kein Makel. Deshalb gibt es dennoch viele Gründe, weshalb es wohltuend sein kann, mit mir eine Unterhaltung zu führen. Ich kann zuhören, auf den anderen eingehen und selbst von mir etwas erzählen. Selbst wenn sich mein Gesprächspartner lustig über meine Reaktion machen sollte, kann ich damit umgehen. Solange ich mein Rotwerden akzeptiere, kann mich niemand verletzen.

4. „Wenn ich einen Korb kriege, werden die anderen mich auslachen."
Ich weiß nicht, ob ich einen Korb kriegen werde oder nicht. In Wirklichkeit ist es auch kein Korb, sondern mein Angebot zur Unterhaltung wird nicht angenommen. Ob die anderen diese Absage dann beobachten und ob sie

darüber lachen, weiß ich ebenfalls nicht. Das weiß ich nur, wenn ich es riskiere, ihn anzusprechen. Das Schlimmste, was passieren könnte, ist daß die anderen lachen und Schadenfreude empfinden. Was soll's. Manchmal habe ich auch schon Schadenfreude empfunden, manchmal habe ich den anderen bedauert, manchmal sogar bewundert. Ich kann jedoch auch eine interessante Unterhaltung gewinnen und einen Menschen, der mich anzieht, kennenlernen. Das ist mir mehr wert als das Risiko einer möglichen unangenehmen Reaktion der Umwelt.

5. „Wenn ich im Gespräch unsicher werde, wird der andere mich ablehnen."
Ich weiß nicht, wie die Unterhaltung verlaufen wird und ob ich unsicher werde. Außerdem weiß ich auch nicht, ob mein Gesprächsparter dies bemerken würde und wie er darauf reagieren würde. Vielleicht kommen wir uns sogar dadurch näher, daß ich eine Schwäche zeige. Vielleicht fühlt er sich sogar wohl, wenn er nicht von einem Redeschwall erschlagen wird. Das Schlimmste, was passieren könnte, ist, daß eine Pause entsteht oder ich an einem Punkt nicht weiterweiß. Das ist keine Katastrophe. Ich erlaube mir Unsicherheiten und Pausen, wenn sie sich ergeben. Das muß kein Grund sein, mich abzulehnen. Auch mein Gegenüber macht ab und zu Pausen oder wird unsicher und ich akzeptiere ihn weiterhin. Sollte er mich dennoch ablehnen, dann ist er kein geeigneter Gesprächspartner für mich. Wer Perfektion verlangt, ist nicht wirklich am anderen interessiert.

6. „Der andere wird schlecht von mir denken, wenn ich ihn einfach anspreche."
Ich kann nicht hellsehen und weiß nicht, wie der andere von mir denken wird. Er kann sich genausogut darüber freuen, erleichtert sein oder sich geschmeichelt fühlen. Selbst wenn er mich deshalb ablehnen sollte, kann ich damit umgehen. Es ist eine ganz normale menschliche Reaktion, einen Menschen anzusprechen, wenn man sich unterhalten will und ihn sympathisch findet. Es ist seine Phantasie, wenn er darin etwas Schlechtes sieht.

7. „Was, wenn ich etwas Dummes sage. Der andere wird schlecht von mir denken."
Ich weiß nicht, ob ich etwas Ungeschicktes sagen werde. Selbst wenn mir das passieren würde, ist nicht gesagt, daß mein Gesprächspartner es auch als dumm ansieht. Und dann bedeutet dies auch noch lange nicht, daß er schlecht von mir denkt. Wir könnten auch beide darüber lachen. Selbst aber wenn er deshalb tatsächlich schlecht von mir denken sollte, kann ich das ertragen. Ab und zu etwas Dummes, Unpassendes zu sagen - zumal wenn man angespannt oder in der Gesprächsführung nicht geübt ist - ist menschlich. Ich kann ohnehin nicht kontrollieren, wie andere von mir denken. Sie können auch schlecht von mir denken, wenn ich gar nichts sage. Deshalb gehe ich lieber auf den anderen zu und tue etwas, um meinen

Wunsch nach einem Kontakt zu erfüllen.

8. „Was, wenn ich im Gespräch nicht mehr weiterweiß? Das wäre schrecklich peinlich: erst ein Gespräch beginnen und dann steckenbleiben."

Ich weiß nicht, ob das Gespräch irgendwann zum Erliegen kommen wird. Selbst wenn, kann ich damit leben. Ich kann im vorhinein nicht wissen, wie eine Unterhaltung mit einem mir bis dahin unbekannten Menschen verlaufen wird, ob wir uns etwas zu sagen haben, ob mein Gesprächspartner gerne redet, ob er in Stimmung zum Reden ist, ob er sich auch für mich interessiert, etc. Ich gebe lediglich den ersten Anstoß zu einem Gespräch. Geht er darauf ein, sind wir beide für den Verlauf der Unterhaltung verantwortlich. Es ist ganz normal, daß manche Gespräche angeregt verlaufen, andere eher mühsam und beschwerlich sind. Peinlich ist dies für mich nur, wenn ich es als peinlich bewerte. Ich betrachte mein Gesprächsangebot als Experiment, um mit möglichst vielen neuen Menschen in Kontakt zu kommen und einige zu finden, die ich dann näher kennenlernen möchte.

9. „Wenn ich ein Gespräch beginne, bin ich vollkommen für den Verlauf verantwortlich."

Nein, das stimmt nicht. Das ist nur meine persönliche Sichtweise. Für den Gesprächsverlauf sind immer alle Beteiligten verantwortlich. Ich kann nicht kontrollieren, wie mein Gesprächspartner reagieren wird, welche Erwartungen, Vorerfahrungen, welche momentane Stimmung er hat. Wenn er nicht zu einem Gespräch bereit ist, kann ich ihn nicht dazu zwingen - gleichgültig was ich ihm an Themen anbiete. Ich bin verantwortlich dafür, daß ich ihm mein Interesse an einer Unterhaltung mitteile, wie ich mich einbringe und wie ich auf seine Reaktionen eingehe.

10. „Wenn ich ein Gespräch beginne, bin ich dafür verantwortlich, daß es meinem Gegenüber gut dabei geht und er das Gespräch genießt."

Nein, das trifft nicht zu. Ich kann mich bemühen, eine gute Gesprächsatmosphäre zu gestalten, indem ich ihn achte, auf ihn eingehe, aktiv zuhöre und auch etwas von mir preisgebe. Dennoch kann das Gespräch zum Stokken kommen oder sogar in einen Streit ausarten. Mein Gesprächspartner kann sich unwohl fühlen, weil er sich etwas anderes von mir erwartet, meine Reaktionen falsch deutet oder gar kein Gespräch mit mir will. Da ich nicht hellsehen kann und auch nicht den Erwartungen aller Menschen entsprechen kann, kann dies passieren. Dafür ist jedoch auch mein Gesprächspartner mitverantwortlich. Er muß seine Wünsche äußern und sich für eine Unterhaltung mit mir öffnen. Nur dann kann er das Gespräch genießen.

11. „Andere labern doch nur dumm daher. Da lohnt es sich erst gar nicht, Kontakt aufzunehmen."

Ich weiß nicht, wie die Unterhaltung verlaufen wird. Es ist sehr unwahrscheinlich, daß jeder, den ich ansprechen werde, nur dumm daher redet. Außerdem entscheide ich darüber, was ich von anderen erwarte und was ich als dummes Gerede bezeichne. Auch ein small talk kann unterhaltsam sein. Ich werde mir einen sympathischen Menschen heraussuchen und ihn ansprechen. dann werde ich sehen, welche Themen wir finden. Ich selbst habe es in der Hand, ein Thema vorzuschlagen, das mich interessiert.

12. „Wenn ich ein Gespräch beginne, werden andere entdecken, wie wenig ich zu bieten habe."

Ich weiß nicht, was andere während einer Unterhaltung an mir entdecken werden. Dies hängt davon ab, was sie erwarten und worauf sie ihren Blick lenken. Ich habe auf manchen Gebieten sicher nicht so viel zu bieten wie andere, auf anderen dagegen mehr als andere. Selbst wenn wir auf ein Gebiet kommen sollten, das ich nicht so gut beherrsche, kann sich mein Gesprächspartner mit mir wohl fühlen. Er könnte sich überlegen oder berufen fühlen, mir sein Wissen weiterzugeben. Wenn er mich ablehnen sollte, weil ich in seinen Augen zu wenig Wissen habe, dann ist das bedauerlich. Ich kann jedoch damit leben. Für mich sind auch einige Menschen als Gesprächspartner uninteressant, weil sie nicht meinen Vorstellungen und Wünschen entsprechen. Deshalb sind sie jedoch nicht weniger wert. Der Wert eines Menschen ist nicht davon abhängig, welche Fähigkeiten er zu einem Zeitpunkt in seinem Leben besitzt oder nicht.

13. „Was ist, wenn ich was Dummes sage. Das wäre schlimm. Das bedeutet, daß ich dumm bin."

Ich weiß nicht, ob ich etwas sagen werde, was ich dann als dumm bewerte. Selbst wenn ich etwas Ungeschicktes, Unpassendes sagen würde, wäre das kein Weltuntergang. Es ist ein einmaliges Verhalten in einer Situation. Dieses Verhalten kann nicht all meine Erfolge, Fähigkeiten und Stärken in Frage stellen. Nur weil es passieren könnte, daß ich etwas Dummes sage, ist es nicht sinnvoll, auf jeden Kontakt zu verzichten. Ich möchte mir nicht die Chancen für eine kurzweilige Unterhaltung, einen intensiven Austausch oder eine Freundschaft nehmen.

14. „Ich darf nicht unsicher sein, wenn ich einen anderen anspreche."

Das ist eine unrealistische Erwartung von mir. Es steht nirgendwo geschrieben, daß nur selbstsichere Menschen auf andere zugehen dürfen. Ich verletze andere nicht damit und bringe mich auch nicht in Lebensgefahr, wenn ich mit Anspannung und Angst auf einen anderen zugehe. Es schadet auch der Unterhaltung nicht, wenn ich ein wenig unsicher bin. Mein Gesprächspartner ist das möglicherweise auch. Ich werde alles dafür tun, um meine

Unsicherheit abzubauen. Ich werde mich akzeptieren, mit welchen Gefühlen auch immer ich das Gespräch beginne.

15. „Der andere wird bestimmt nicht an jemandem wie mir interessiert sein. Ich bin nicht attraktiv genug."

Ich weiß nicht, ob der andere an mir interessiert sein wird oder nicht. Ich kenne seine Maßstäbe und Erwartungen nicht. Wenn ich nicht auf ihn zugehe, werde ich es nie erfahren. Das Schlimmste, was passieren könnte, ist, daß meine Erwartung bestätigt wird und er sich nicht mit mir unterhalten will. Daraus kann ich jedoch nicht schließen, daß ich für ihn zu einem anderen Zeitpunkt nicht attraktiv sein könnte oder daß ich für alle Menschen unattraktiv bin. Ich habe Stärken und Schwächen und ganz sicher auch für viele Menschen etwas anzubieten, was sie interessiert. Diese Menschen kann ich nur finden, indem ich einen Kontakt riskiere. Schlechter wie jetzt werde ich auf keinen Fall dran sein. Ich bin jetzt allein und, wenn der andere mich ablehnt, werde ich es auch sein.

16. „Ich werde nervös sein und kein Wort herausbringen. Das ist peinlich."

Ich weiß nicht, ob ich nervös sein und kein Wort herausbringen werde. Ich kann daran arbeiten, mir positive Gedanken zu machen und mich vor dem Gespräch zu entspannen. Ich kann mir auch vorab überlegen, wie ich das Gespräch beginnen und was ich dann als Thema ansprechen möchte. Selbst aber wenn ich zunächst kein Wort herausbringen sollte, wird das sicher nicht die ganze Zeit so sein. Ich kann meine Fassung wiederfinden und mich beruhigen, indem ich mir erlaube, nervös zu sein. In unbekannten Situationen sind viele Menschen nervös. Das ist menschlich, aber nicht peinlich.

17. „Der andere wird sich von mir abwenden. Das bedeutet, ich bin ein Versager."

Ich weiß nicht, ob der andere sich von mir abwenden wird. Selbst wenn er es tun sollte, hat das nichts mit mir zu tun. Seine Erwartungen und das, was ich anzubieten habe, passen möglicherweise nicht zusammen. Ich kann nicht die Erwartungen aller Menschen erfüllen. Es ist schade, wenn er heute desinteressiert an einem Kontakt mit mir ist. Ihm entgeht die Chance, mich kennenzulernen.

18. „Was ist, wenn ich plötzlich nichts mehr zu erzählen habe. Dann habe ich ein Gespräch begonnen und kann es nicht einmal aufrechterhalten. Menschen, denen so etwas passiert, sind Versager."

Dies entspricht nicht den Tatsachen, sondern ist eine übertriebene Schlußfolgerung. Wenn ich ein Gespräch beginne und dann entsteht eine Gesprächspause, dann entsteht einfach eine Pause. Nicht mehr und nicht weniger. Sie kann entstehen, weil sich zwei Gesprächspartner nichts zu sagen haben, weil sie für heute genug gesagt haben, weil ein Mißverständnis aufgetreten ist, weil der eine oder andere das Gespräch ungeschickt geführt hat, usw. Daraus kann ich nicht folgern, daß ich ein Versager bin. Deshalb kann ich zu einem anderen Zeitpunkt oder mit einem anderen Menschen eine unterhaltsame oder intensive Unterhaltung führen.

19. „Wenn ich den anderen anspreche, wird der denken, daß ich es nötig habe und einen Partner suche."

Ich weiß nicht, was der andere denken wird. Er kann auch angenehm überrascht sein oder erleichtert, daß er mich nicht ansprechen muß. Er weiß außerdem nicht, daß ich einen Partner suche, sondern lediglich daß ich mich mit ihm unterhalten möchte. Selbst wenn er denken würde, daß ich einen Partner suche, ist daran nichts Schlimmes. Es stimmt, ich suche einen Partner, und wie soll ich ihn anders finden, als dadurch daß ich Kontakt zu Menschen aufnehme.

20. „Dort sind so viele Menschen. Ich kenne niemanden. Alle kennen sich. Mit mir muß etwas nicht stimmen."

Die Schlußfolgerung ist übertrieben. Es ist richtig, daß ich niemanden hier kenne. Das hat damit zu tun, daß ich bisher aus Angst heraus Kontakte gemieden habe. Außerdem habe ich mich aus Unsicherheit auch so verhalten, daß sich nur wenige Leute getraut haben, mich anzusprechen. Ich bin in Ordnung, wie ich bin, und komme sicher bei vielen Menschen an, wenn ich Kontakt aufnehme und ihnen mitteile, daß ich an ihnen interessiert bin.

21. „Ich muß einen guten Eindruck machen."

Dies ist eine Forderung, die ich an mich stelle. Es ist schön, wenn ich einen guten Eindruck mache. Doch kann ich auch damit leben, daß es nicht so ist. Ob ich einen guten Eindruck mache, hängt zudem von meinem Gegenüber ab. Wenn er nicht empfänglich für meine Signale ist, Vorurteile hat oder schlechte Erfahrungen mit einem Menschen gemacht hat, an den ich ihn erinnere, dann werde ich bei ihm nicht ankommen. Ich bringe mich in eine positive Stimmung, indem ich die positive Vorstellungsübung mache, und bereite mich auf das Gespräch vor. Ich setze die Gesprächstechniken des aktiven Zuhörens und der Selbstoffenbarung ein. Ich achte auf meine Körpersprache, mehr kann ich nicht tun. Dann überlasse ich es meinem Gesprächspartner, wie er mit meinen Signalen umgeht.

22. „Ich darf anderen nicht zeigen, wer ich wirklich bin, sonst lehnen die mich ab."

Das ist eine Prophezeiung, die ich noch nicht überprüft habe. Wahrscheinlich werde ich bei einigen Menschen ankommen, bei anderen nicht – je nachdem, welche Lebenseinstellungen, welche Lebensgeschichte, Erwartungen und Tagesverfassung sie haben. Um wirklich mit anderen einen intensiven Kontakt zu bekommen, ist es sogar meine Pflicht, ihnen meine Wünsche und persönlichen Einstellungen mitzuteilen. Es ist sehr unwahrscheinlich, daß mich alle Menschen ablehnen werden. Ebenso ist es unwahrscheinlich, daß mich alle mögen werden. Bisher hat dies noch kein Mensch geschafft, nicht einmal Jesus. Ich kann damit leben, nicht jedermanns Liebling zu sein.

23. „Ich bin langweilig und dumm. An mir ist nichts, was andere interessieren könnte."

Das ist meine persönliche Bewertung. Ob andere mich als langweilig und dumm ansehen, ist abhängig von deren Erwartungen an mich. Es ist absolut unwahrscheinlich, daß ich für keinen Menschen interessant bin. Statt mir einzureden, daß ich uninteressant bin, kann ich mir bewußt Gedanken darüber machen, wie ich meine Erfahrungen packender darstellen kann und was ich anderen Menschen anbieten kann. Ich kann mich um aktuelle Filme, Bücher etc. kümmern und mir Gesprächsstrategien aneignen, die helfen, eine Atmosphäre zu gestalten, in der sich mein Gegenüber wohlfühlt.

24. „Seichtes Blabla bringt nichts und für kluge Gespräche bin ich nicht klug genug."

Es ist meine persönliche Meinung, daß seichtes Blabla nichts bringt. Hierdurch nehme ich mir die Möglichkeit, andere Menschen langsam näher kennenzulernen, denn der erste Einstieg erfolgt meist über den small talk. Small talk kann kurzweilig und unterhaltsam sein. Er kann mich in eine gute Stimmung versetzen, wenn ich ihn nicht abwerte. Inwieweit ich bei klugen Gesprächen mithalten kann, weiß ich nicht. Bei manchen Themen kann ich ganz sicher etwas beisteuern, bei anderen muß ich passen. Es hängt von mir ab, auf welche Themen ich das Gespräch hinsteuere. Selbst wenn ich bei einem Gespräch nicht aktiv mithalten können sollte, ist das keine Katastrophe. Ich werde nicht von mir erwarten, auf allen Gebieten gleich gut informiert zu sein. Ich entscheide mich bewußt, mich um manche Gebiete nicht zu kümmern. Im Gespräch werde ich dann zu mir stehen und sagen, daß ich mich bisher nicht oder generell nicht dafür interessiere.

Weiterführende Literatur

Rolf Merkle: So gewinnen Sie mehr Selbstvertrauen, PAL, Mannheim (hilft dabei, sich selbst mehr anzunehmen und sich selbst mehr ein Freund als ein Feind zu sein)

Philip Zimbardo: Nicht so schüchtern, mvg, München (ein Arbeitsbuch, das dabei hilft, Schüchternheit zu überwinden)

Thomas Rhomberg: So! Reißt man auf, Orac. (ist eine Mischung aus Lach- und Lernbuch. Für denjenigen, der gerne über sich schmunzelt, ist dieses Buch eine gute Ergänzung.)

Marie Papillon: Tausendundeine Liebesstrategie, Oesch, Zürich. (enthält Liebesstrategien für die erste Begegnung, das Flirten, für eine Beziehung und die Aufrechterhaltung einer romantischen Liebesbeziehung)

Dr. Norbert Jung, Dr. Monika Haas: Welche Signale sendet der andere? Südwest-Verlag, München (zeigt anhand vieler Illustrationen die Arten nonverbalen Ausdrucks und was sie sagen können)

Rolf Bönnen: Flirten - aber wie? Humboldt-Verlag, München (ein kleines Büchlein, flott und amüsant geschrieben, enthält dabei viele Anregungen für's Flirten)

Therapeuten, die nach der in diesem Buch beschriebenen Therapiemethode arbeiten

Wenn kein Therapeut in Ihrer Nähe aufgeführt ist, dann schreiben Sie bitte Frau Dr. Wolf. Sie wird versuchen, Ihnen weiterzuhelfen.

3125 Berlin, Bahnhofstr. 17, Dipl.-Psych. Dr. Rainer Gerlach

3351 Berlin, Togostr. 78, Dipl.-Psych. Günther Renkl

4055 Berlin, Kühler Weg 11, Dipl.-Psych. Marita Warner

2149 Hamburg, Eggerstr. 6, Dipl.-Psych. Michael Wirthmann

6506 Norden, Norddeicher Str. 225, Dipl.-Psych. Dorothee Ahlheim

8205 Bremen, Treseburger Str. 15, Dipl.-Psych. Christof T. Eschenröder

1812 Bad Pyrmont, Löwenser Str. 27, Dipl.-Psych. Gerhard Kiehl

2756 Detmold, Allee 9, Dipl.-Psych. Kurt A. Richter

3617 Bielefeld, Bethelweg 78, Dipl.-Päd. Hans-Martin Gräßlin

5415 Pohlheim, Weimarerstr. 1, Dipl.-Psych. König + Osada-Möllers

8300 Wolfenbüttel, Lindener Str. 9, Dipl.-Psych. Dr. Dorothea Lange

0699 Erkrath, Fröbelstr. 2, Dipl.-Psych. Carola Crone

2103 Wuppertal, Schwanenstr. 26, Dipl.-Psych. Reiner Ulsmann

4791 Bochum, Am alten Stadtpark 63, Dipl.-Psych. Elisabeth Pracht-Müller-Eckhard

4791 Bochum, Am Alten Stadtpark 63, Dipl.-Psych. Hans-L. Voß

5770 Marl, Kamphoffstr. 9, Dipl.-Psych. Ralf Gravemeier

7798 Krefeld, Liebfrauenstr. 12, Dipl.-Psych. Dr. Heinz G. Rupp

0670 Köln, Sudermanstr. 10, Dipl.-Psych. Konrad P. Becker

0931 Köln, Wüllner Str. 117, Dipl.-Psych. Renate Bresgen-Beuchelt

3177 Bonn, Albertus-Magnus Str. 34, Dr. Ilona Töpner

5116 Mainz, Bahnhofstr. 2c, Dipl.-Psych. Margarete Rosenkaimer

1476 Kronberg, Königsteiner Str. 18c, Dipl.-Psych. Ingeborg Fleischmann

4287 Darmstadt, Spessartring 11, Dipl.-Psych. Bettina Blume-Kusuma

64293 Darmstadt, Liebigstr. 2, Dipl.-Psych. Christel Prümm

64293 Darmstadt, Frankfurter Str. 53, Dipl.-Psych. Gudrun Müller

65183 Wiesbaden, An der alten Synagoge 6-8, Dipl.-Psych. Achim Werw

65195 Wiesbaden, Emserstr. 1, Institut für Psychologische Therapie (IPT

68165 Mannheim, Am Oberen Luisenpark 33, Dipl.-Psych. Dr. Doris Wolf und Dr. Rolf Merkle

69427 Mudau, Klinik Schloß Waldleiningen, Dipl.-Psych. Gerd Eifflaender

70178 Stuttgart, Christophstr. 8, Therapiezentrum der Gerhard-Alber-Stiftung

70794 Filderstadt, Hermann-Löns-Weg 2, Dipl.-Psych. Elke Borchardt ur Peter Martz

70736 Fellbach, Christofstr. 4, Dipl.-Psych. Johannes P. Austermeier

72074 Tübingen, Stauffenbergstr. 26, Dipl.-Psych. Rudolf Klimitsch

74547 Kupfer, Dürräckerweg 8 (Kastanienhof), Dipl.-Psych. Peter Hemp

85221 Dachau, Wieningerstr. 18, Dipl.-Psych. Georg Spaett

97249 Eisingen, Müllersweg 14, Dipl.-Psych. Dieter Schwartz